眉州东坡一年一度的服务技能大赛颁奖现场

国贸饭店宴会厅黑白宴摆台

眉州东坡夏季菜品发布会中的服务形象展示

北京宴富丽堂皇的宴会包厅

有着浓郁文化氛围的大董大厅

南京真知味御尚旬府"民国大菜"的"说菜"服务

柏悦酒店主席台餐厅简洁时尚的摆台

眉州东坡的东坡府邸参

南京真知味御尚旬府蛋烧卖配凤尾虾　　三摩地金汤菠菜豆腐

大董油焖大虾

大董花雕芙蓉蒸阿拉斯加帝王蟹

大董一品冰花玫瑰燕

大董甜品"西瓜"

餐饮培训师大讲堂

餐饮全面服务管理：
抓牢顾客的心

第二版

李韬/著

旅游教育出版社

策划编辑：赖春梅
责任编辑：赖春梅

图书在版编目(CIP)数据

餐饮全面服务管理：抓牢顾客的心/李韬著. —北京：旅游教育出版社，2013.1

（餐饮培训师大讲堂）

ISBN 978-7-5637-1826-9

Ⅰ.餐… Ⅱ.李… Ⅲ.①饮食业—商业服务②饮食业—企业管理 Ⅳ.F719.3

中国版本图书馆CIP数据核字（2009）第036525号

餐饮培训师大讲堂

餐饮全面服务管理：抓牢顾客的心（第二版）

李韬 著

出版单位	旅游教育出版社
地　　址	北京市朝阳区定福庄南里1号
邮　　编	100024
发行电话	(010) 65778403　65728372　65767462(传真)
本社网址	www.tepcb.com
E-mail	tepfx@163.com
印刷单位	北京中科印刷有限公司
经销单位	新华书店
开　　本	787×960　1/16
印　　张	13
彩　　插	4
字　　数	165千字
版　　次	2013年1月第2版
印　　次	2013年1月第1次印刷
定　　价	36.80元

（图书如有装订差错请与发行部联系）

顾问委员会名单

（以姓氏拼音为序）

崇占明　国家酒店酒家高级注册评审员，餐饮业资深评论员

梁　棣　眉州东坡餐饮集团总裁

王旭峰　北京营养师俱乐部理事长

单春卫　北京巴黎马克西姆餐厅总厨师长，曾先后担任第四届世界妇女大会和第二十一届大学生运动会厨师长

石万荣　中国烹饪名师、中国烹饪协会名厨专业委员会委员、北京烹饪协会副秘书长

孙立新　便宜坊集团行政总厨、副总经理。国际烹饪艺术大师（国际餐馆与饭店协会授予），全国十大名厨（商务部授予）

王志强　著名面点大师、药膳大师

郑秀生　北京饭店行政总厨，高级烹饪技师。1999年应瑞士旅游局之邀代表亚洲地区前往瑞士参加"第六届美食节"十个国家名厨献艺活动

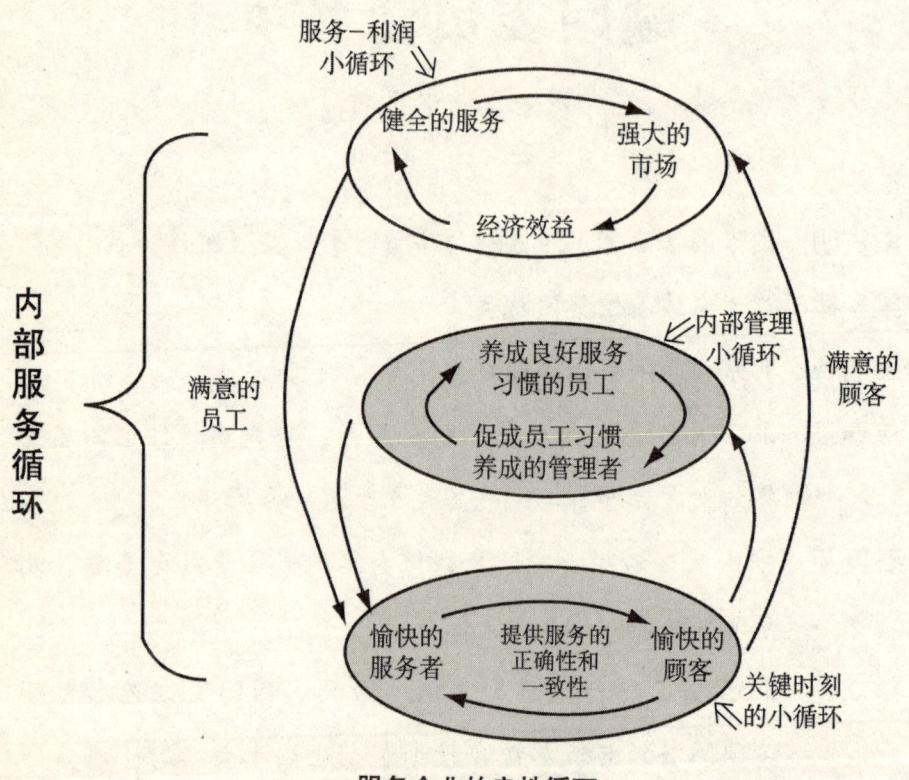

服务企业的良性循环

目 录 CONTENTS

第一章　什么是全面服务管理
　一、提供服务是任何企业存在的理由　　002
　二、优秀企业如何看待服务　　003

第二章　服务中的角色认知
　一、管理者在服务质量保证过程中的角色认知　　010
　二、员工在服务质量保证过程中的角色认知　　015
　三、管理者在日常工作中应该秉承的做法　　016

第三章　可测量受控制的服务流程
　一、服务的全接触过程　　022
　二、顾客全过程经历的理解　　024
　三、实际工作中的应用方法　　049
　四、餐中服务的11个关键点　　054
　五、餐厅接待工作中额外需要关注的几类顾客　　062

第四章　全方位地理解顾客满意
　一、菜品创新　　068
　二、服务创新　　074
　三、特色创新　　078
　四、营销创新　　084
　五、全面理解顾客满意　　091

第五章　顾客期望管理

一、市场细分与设定期望　　096
二、顾客期望的来源　　097
三、顾客期望管理的真实含义　　099
四、管理顾客期望　　102
五、控制顾客的口碑　　112
六、让我们的服务具有感召力　　115

第六章　服务文化的魅力

一、企业文化的含义　　121
二、服务文化的力量　　123
三、服务文化重在执行　　128
四、佛教文化对服务文化的启示　　131
五、菜单是企业文化的重要表现载体　　135

第七章　服务战略管理

一、服务战略的含义　　144
二、服务战略的体系规划　　145

第八章　建立服务体系

一、PDCA 循环法　　156
二、按照 PDCA 循环法建立服务质量控制体系　　158
三、员工行为质量控制体系　　177

第九章　投诉处理与督导体系的建立

一、顾客为什么会不满？　　184
二、如何平息顾客的不满？　　186
三、建立督导体系　　190

后　记（第一版）　　197

后　记（第二版）　　199

第一章
什么是全面服务管理

"全面服务不仅仅在于提供服务本身,而是一种基于体系的思考。这种体系涵盖餐饮运作的全过程,而最终体现在服务上。但顾客所需要的服务,不但是你给他上菜、倒酒,而且包括这些服务行为提供的针对性、适宜性、可接受性、方式、时间、速度、一致与标准等等。总之,全面服务是顾客最终综合消费体验的直接与间接来源。"

一

提供服务是任何企业存在的理由

服务是所有企业高度关注的一个问题。号称"日本人的脸"的日本著名实业家堤义明说过一段话:"经营的目的不仅仅是赚钱。赚钱永远只是结果而不是目的。只要把你的事业做好了,钱自然地追随你而来。如果把赚钱当做目的,往往就赚不到钱。我要追求的境界,是常人所达不到的,那就是'共享愉悦'。"可以说,"共享愉悦"是服务追求的最高境界。换而言之,任何企业当不能够展现出服务性时,也就失去了存在的必要。

我们来看几个事例:

老字号制鞋企业内联陞在创立之初就脱颖而出,是因为它的服务宝典——《履中备载》。"履"就是鞋的意思,这本书讲了鞋的什么事情呢?关于所有京城大官和做过鞋的富商贵人们的脚的情况、对鞋的喜好以及做鞋买鞋的经历。内联陞的重要顾客的鞋样与鞋模子。通过这本书,内联陞还要推算顾客鞋的磨损周期,主动提供上门定制服务。这老字号百年前的服务恐怕连现在很多大企业都难以达到。

已经离开我们的"台湾经营之神"王永庆,是卖米学徒出身。16岁勤奋的王永庆带着父亲借来的200元钱开办自己的米店。当时正是台湾的日据时代,面对享有特殊保护的日资米店和众多拥有了固定客源的本土米店,王永庆的小米店如何突出重围?是王永庆以无微不至的服务闯出了自己的天地。

那时的台湾，大米掺杂米糠、沙粒和小石头的情况比比皆是，买卖双方都见怪不怪。而王永庆能够创新服务，做到每次都把杂物挑拣干净，还主动送米上门，并且免费给顾客淘陈米、洗米缸。顾客得到实惠，一来二去就成了回头客。一下子，王永庆的米店从一天卖米不到十二斗，变成了一天卖出去一百多斗。几年下来，米店生意越来越红火，王永庆顺势创办了一家碾米店，完成了个人资本的原始积累，走向了"经营之神"的道路。

有人说，王永庆终其一生无论经营什么产业，都是在"卖大米"：始终把握顾客需求，努力提供优质服务。

而现代，中国大陆美名远扬于海外的海尔集团，除了产品的质量之外，被世人津津乐道的不也是它优质的服务吗？这些都是制造业和工业企业的例子。作为以服务为主要产品之一的餐饮业，"服务"对企业的重要性更是不言而喻。

关键的问题是，我们如何看待服务？

优秀企业如何看待服务

作为一个优秀的企业，通常这样看待服务：

1. 服务是信仰，服务也是技术手段

对于任何餐饮企业来说，服务是核心竞争力之一。每个员工、从上至下都应该以服务为信仰。什么是信仰？信仰首先是一种人格魅力。在服务的过程当中，因为有了信仰，才能处处洋溢服务的精神与气氛。可以说，服

务的境界是"于无声处见真情"。

信仰最终要落实在实处。可惜的是，很多餐饮企业忽略了对服务技术的研究。我们可以通过一个小故事来了解技术的重要性。

张三每天下班回家都很晚，而在回家的路上总有一条野狗试图对他发动袭击。在经过几天的对峙之后，张三想到一个办法，就是捡一块石头拿在手里，当野狗扑上来时，能够用以投掷自卫。可是当石块掷出后不久，野狗便反身追来，张三只好落荒而逃，而且一路提心吊胆，担心野狗尾随攻击。于是第二天张三便拿了五块石头，可是情况是一样的，当石头用完，野狗便欺身而上。第三天，张三背了一个书包，里面装了很多石头，可是野狗便远远地盯着他，趁他不注意才扑上来，而沉重的书包反而阻碍了张三自卫。几次对决之后，疲惫的张三反而激起了野狗的愤怒，终于在不注意时被野狗咬了一口。受了伤的张三回到家里，痛定思痛，认为自己对付野狗不能再使用投掷石块的方法了。经过慎重考虑，他找到了一根结实的棍子，然后轻松地提在手里，这样回家的时候，不仅不担心野狗伺机撕咬，甚至还给了野狗一棍子，打得野狗自此不敢来犯。

特别提示

解决问题不能始终使用同一种方法，状况在不断变化，我们解决问题的方法也要变化。

张三的故事带给我们什么启示呢？就是解决问题不能始终使用同一种方法，状况在不断变化，我们解决问题的方法也要变化。就如同餐饮企业的服务，当国外在研究服务数据化或者试图将 6Σ 的概念引入服务业时，中国的餐饮企业还停留在"服务第一、顾客至上"的虚无境地，是一件多么可怕的事。就像很多的餐饮企业在实现连锁之后，分店越开越多，菜品可能没有出现什么大的问题，可是顾客却感觉菜品越来越不好吃？究其原因，是因为服务不符合顾客的需求，导致顾客不能拥有良好的消费体验，因而流失了很多顾客。所以，对于服务的技术研究始终都是一个餐饮企业除了对菜品的技术进行研究之外，更为重要的事情。

第一章　什么是全面服务管理

2. 跳出就事论事的圈子——不但以学习为策略，也以遗忘为策略

在培训中灌输为他人服务的游戏

对于服务来说，中国的中医思想非常值得借鉴。很多企业研究服务仅仅是针对服务过程或者结果本身，他们并不明白，如同一个人的肤色红润是来源于身体健康，而发质枯黄可能是因为脏器的功能不足一样，这个时候你单纯地使用什么美肤产品或者使用了很多美发产品却不会有什么特别好的效果。此时你需要综合的调理，这个综合的调理在管理学上称之为"系统"（体系）。

系统的概念告诉我们，服务的好坏其因素不仅包括服务中，还包括了服务前和服务后；不仅表现在服务本身，更重要的还有顾客看不见的服务背后的东西。这要和企业的发展结合起来看。

中国的企业发展大体可以分为三个时代——能人时代、制度时代和文化时代。在能人时代，企业里的能人成为一个企业的命脉所系。比如中国知名餐饮企业中，俏江南的初始发展是靠张兰女士，顺峰是靠林锐均先生，眉州东坡餐饮集团是靠王刚、梁棣夫妇；而国外或外资的餐饮企业也非常重视企业的高层管理人员，但是大家很少听说什么企业单纯是靠什么人发展起来的，就是因为外资餐饮企业更重视管理系统。当然随着企业的发展壮大，企业就开始寻求向科学管理的方向发展，这个科学管理主要是指各种规章制度的建立、健全和执行力的增加，所以叫做制度时代。

制度时代在中国餐饮企业里最大的表现就

企业发展三时代

能人时代——能人是企业的命脉所系

制度时代——《操作手册》出炉

文化时代——企业文化制胜

> **专家视点**
>
> "西方管理技术为用，东方文化思想为体"，从中国的文化中汲取用之不竭的营养。

是《操作手册》，很多企业都有了厚厚的一本或者几本《操作手册》。但是这个《操作手册》是自己的吗？起到作用了没有？真正的操作手册应该包括些什么？这些问题是需要认真反思和解决的。这些问题解决了，要反思执行问题，为什么有很多企业有好的程序、制度和标准，可是执行不了或执行不长久？所以前几年"执行力"课程风起云涌，但是为什么这几年就沉寂下来了？因为执行力不是靠几堂课就能培养出来的，靠的是系统，管理的系统。

当企业有了管理系统之后，开始逐步形成团队的联盟，以制度文化为中心形成企业文化，每个人进入企业之后都能被企业文化所感染，成为团队中的一分子，不仅仅是服务，而是整个企业开始进入良性循环的轨道，这就是文化时代。我一向叹服于中国博大的传统文化，对于服务管理，我们不妨"西方管理技术为用，东方文化思想为体"，从中国的文化中汲取用之不竭的营养。

3. 服务永远胜在创新

服务没有停滞，在服务方面下一步要做的事就是——别人永远以为我们做不到的事。同时，针对创新的服务，在执行的时候要充满智慧和坚韧性。

北京烤鸭大家知道，已经有600多年的历史了。没有人想到要去改变它，因为有历史的积淀在，没法改也不能改。但大董敢于打破陈规。在大董先生的钻研下，大董餐厅推出了"酥不腻"

大董酥不腻烤鸭现场片制

挂炉烤鸭。但是菜品上市后，因为相比传统挂炉烤鸭体型小、油水少，一时并未得到顾客的认可。

是退回传统还是坚持？要知道，传统挂炉烤鸭技术大董餐厅也是很擅长的。董事长大董先生坚持认为烤鸭进一步健康化是一条正确的道路。于是大董对酥不腻烤鸭服务提炼出几条服务要点：一、介绍必须包括三部分。1.烤鸭的油脂含量，传统挂炉烤鸭是42.38%，大董酥不腻烤鸭的脂肪含量只有15.22%，这是专利技术，更少油更健康；2.大董酥不腻烤鸭有三种吃法；3.酥不腻烤鸭使用苹果木、枣木烤制，是传统之上的创新。二、烤鸭必须对客展示，且当着顾客的面进行片制。三、为客人操作演示三种吃法，并且为客人包好烤鸭。

经过一段时间的服务坚持，大董酥不腻烤鸭不仅名扬京城，也成为大董名扬欧洲的一张美食名片。这就是服务的力量。

服务方面无大事，如同张瑞敏先生所说：把平凡的事情重复地做到最好，就是不平凡。我所说的"做不到的事"，除了服务创新之外，还包括如何制定企业服务的战略、实施期望管理及如何更好地为重要顾客服务。

服务创新开始的时候可以是一种模仿，但最终要变成企业的自觉力量。我们剖析一个案例，重要的是学到这个案例所包含的思维模式，而不仅仅是这个案例所告知的做法本身。事实上，无论分析到多么精深，我们都无法模仿到优秀企业的全部，这就是我们研究了那么多年可口可乐、麦当劳和星巴克，但是世界上仍然只有一个可口可乐、一个麦当劳和星巴克的原因。

每个企业都必须根据目标市场的不同而建立自己的服务战略。战略和资源的相互配合，将创造完美服务的基石。而作为一个营利性组织，我们不可能为所有人服务，如何根据自己的目标顾客市场的需求来促进服务质量的螺旋上升，也是企业应该认真研究的一个方向。

专家视点

"做不到的事"，除了服务创新之外，还包括如何制定企业服务的战略、实施期望管理及如何更好地为重要顾客服务。

总之,"服务"不单纯是服务事项,它是无数紧密相扣的上下环节。它成为一个动态的系统而展现企业的根本文化和款客之道,它是任何企业存在的根本原因和力量。

请您思考

1. 您如何理解全面服务管理的概念?
2. 请结合您所在的企业谈谈服务创新的具体做法。

第二章
服务中的角色认知

　　优秀的顾客服务应该具备情感性。良好的顾客服务措施或体系必须能够表现出来是员工发自内心的,是诚心诚意、心甘情愿的。

一位刚有身孕的女士来到餐厅就餐，在客人选择食品时，服务员通过和客人简单交流得知客人以往经常来本餐厅消费以及客人喜爱的几种食品。当时客人说自己非常喜欢吃餐厅的日式自助餐，尤其喜欢吃海鲜，如生蚝、三文鱼等。但客人又不方便明说自己有身孕，不能吃生的生蚝，所以感觉很可惜，这位善解人意的服务员猜测出了客人的情况，建议客人，生蚝在厨房里面可以为她加工成熟的，特制一些她喜爱的口味。服务员知道这位女士行动不方便，在经客人同意之后，便主动帮客人取她喜欢吃的食品，并告知厨师长客人的喜好，厨师长与服务员一起，将他亲自特制的生蚝等食品送到客人的餐桌前，询问客人食品质量及口味，并做记录建立客史档案。

服务是一个过程，是一个人与人打交道的过程。因此必然出现两方的互动，一方面是顾客，一方面是企业。而企业又可以从两大类别来区分不同的角色：服务员和管理者。

一

管理者在服务质量保证过程中的角色认知

通过下页图示我们可以很清晰地知道，一个管理者在质量保证过程中的角色。作为管理者，首先是质量文化的创造者、维护者。

什么是企业的质量文化？企业质量文化是指企业在长期的生产经营中自然形成的一系列有关质量问题的意识、规范的价值取向、行为准则、思维方式以及风俗习惯。其核心内容即质量理念、质量价值观、质量道德观、质量行为准则。文化是个很大的概念，但是文化的形成却是长期从小的方

第二章 服务中的角色认识

角 色	目 标
质量文化倡导者	营建质量文化,将员工导向质量
团队领袖	积极扩大影响力,用群体力量达成质量优异的目标
新产品、标准设计人	设计新产品和新标准,铸造顾客忠诚感
新标准推行人	建章立制,奖优罚劣,保证新标准执行
训导师	教会、指导员工掌握新标准,依新标准行事
质量问题发现与分析者	及时发现问题,改良品质
员工错误行为的纠正者	及时纠正错误,激励员工卓越地完成工作
质量体系建立与维护者	维护体系链,持续修正质量
员工的鼓舞者	鼓舞员工士气,创造力争上游的团队气氛
顾客服务第一人	亲自为重要顾客服务,以榜样作用带动员工行为
员工的榜样	以身教教人,力量无穷
员工的朋友	做员工的朋友,并正向影响员工
沟通者	理解他人需要,并使他人理解你
营销者	带领员工创造令顾客满意的产品和服务,并将其传递给顾客
合作者	与其他部门合作,保证质量链有效运行
做一个崇尚质量,操之在我的人	确立并坚持正确的价值观,不受外界不良影响,保持积极心态,永远崇尚质量

面凝聚而成的。这其中,不可避免地表现为或表现出企业创始人或领导人的文化导向,包括作为管理团队的管理者的观念和行为。

餐厅主管小张今天上班被总经理批评了,原因是昨天总经理在餐厅用餐发现了不少服务中的问题。小张认为这些问题很重要,在下午的班前会上对全体员工进行了批评:"你们也真是的,昨天总经理用餐中发现了不少问题……下次一定注意,要在总经理面前展示我们的服务风采。"

小张这样的说话方式,并不是一个特例。看似开班前会这样的小事,

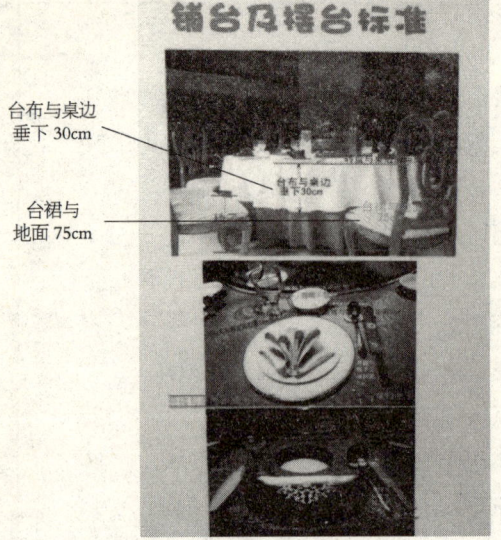

台布与桌边
垂下 30cm

台裙与
地面 75cm

形象化的标准

却有可能成为影响质量文化的大事。这样的班前会，短期内会有提升服务质量的效果，长期来看，养成了一种习惯：总经理在的时候，服务质量就会好；总经理不在，服务质量就会下滑。

那么服务质量文化如何达成呢？要靠团队的力量。能够影响团队的，不仅仅是领导权威，更重要的是影响力。

我们在企业中管理的是成年人，而对于一个成年人来说，真正能够管好他的只有他自己。所以，权力只能管到一时一刻，而管理者的影响力通过改变员工的心智模式，由内到外地影响员工的行为。而这种行为必须随着顾客的需求变化而变化。对此，管理者必须根据顾客需求的变化不断地设计新的标准和程序，以满足顾客的最新需求。而所有的员工都会因为习惯原来的流程和标准而或多或少地抵触变化，这个时候，一名好的管理人员，必须保证新的标准被推行下去，其中，培训是一种行之有效的好方法。

专家观点

质量文化达成要靠团队的力量。能够影响团队的，不仅仅是领导权威，更重要的是影响力。

实地培训，形象演示

第二章 服务中的角色认识

里兹·卡尔顿酒店是全球知名的豪华酒店,其母公司在全球拥有30多家高档酒店,20世纪90年代初,公司因为缺乏创新而危机四伏,于是一场变革无声地展开:酒店突然通知员工——我们正在进行一项新的实验,需要每个人的参与和支持。从明天开始,我们这里不再有经理只有团队,换言之员工不再有上级。配合这一政策,酒店成立了五花八门的团队:抵达前团队、抵达—离开团队、烹饪团队、宴会团队、指导团队等等。这场变革的结果是员工完全不知所措,前台人员流动率达到100%,门童流动率200%。这一幕和我们的许多酒店变革何其相似,但我们似乎更愿意从"改革就是会有阻力"上找原因,而没有分析团队建设的深层次所需。

毫无疑问,这些问题必须得到解决,在团队建设的过程中酒店必须向员工介绍组织变革及组建团队的原因,对团队进行充分的授权,之后加强对员工的培训——使其成为一名合格的团队成员,最后是明确传达团队的目标,对工作标准进行详细的说明。

对于流程和任何质量问题的纠正,来源于管理者发现问题的敏锐程度。管理者当然应该是任何质量问题的发现者与分析者,并且应该能够及时地纠正员工的行为。而这种纠正除了依靠现场的及时修正反馈之外,更重要的是依靠体系的自动运转和维护。体系就是一种系统,在质量方面的系统我们通常称之为"质量管理体系"。管理者需要维护体系链的完整和良性循环。

任何体系都是由人来执行的。中国有句俗话叫做:棍棒之下难出孝子,同样的,打骂之中也难出好员工。所以,对于员工来说,更重要的是鼓励。好的管理者首先是一名员工的鼓舞者。

在很多麦当劳餐厅,餐厅见习经理以上的管理者手里会有很多小礼品,以便能够及时地对员工的优秀行为加以强化和鼓励。这些激励品最多的是PINS,就是可以钉在衣服上的小纪念章。多由大陆麦当劳南方区,或者香港、台湾甚至国外的麦当劳委托生产。PINS非常精美,富有创意,式样繁多。其他的还有旅行包,各种女孩子的装饰品以及手表、帽子、衣服等等,所有这些东西都时尚、漂亮，充分张扬个性，就像广告上的一样，当然最大的特点是上面都有M（麦当劳的标志）。当员工表现好时，他的经理会及时给他一个激励品，得到激励品的员工都会非常高兴，因为那代表了付出和汗水，代表了在麦当劳的荣誉，代表了被认可。

除此之外，当员工完成自己的工作目标时，会得到"麦现金"，这是一种在麦当劳内部可以使用的礼券，它可以用来购买麦当劳内部的礼品，不同的金额可以购买不同价值的礼品，有了自己喜欢的礼品，员工可以随时找经理购买。每个月麦当劳还会评选最佳员工，表扬那些在本月工作表现优秀的员工，他们不仅可以邀请家里人来餐厅参观和共进晚餐，还可以在年底的时候得到奖金。如果是学生的话，表扬信还会寄到他们的学校，让老师和同学都为他感到自豪。每半年麦当劳还会对每个员工进行评估，对前半年的工作做个总结，对工作表现好的员工给予较大调薪。每半年餐厅会举行各种各样的郊游活动，带领大家去呼吸新鲜空气、放松心情。就是这样，麦当劳保证了在繁忙的工作压力中，员工能够保持愉快的心态为顾客服务。

除了物质激励之外，最好的激励是管理人员的以身作则。以身作则除了会成为一个行为标杆之外，更重要的是会促进团队氛围的形成。这其中，包括管理人员亲自参与服务。良好技能的展现、和客人友好亲切的交流、对服务过程中问题的正确理解……都会无形中成为员工培训的样板。

彼得·德鲁克曾经说过："企业的一切问题，归根结底都是沟通问题。"保持良好沟通成为企业中最为重要的事情之一。沟通包括对于顾客的沟通和对于员工的沟通。对于顾客而言，良好的沟通可以更好地传递企业理念，获得营销成果；对于员工而言，良好的沟通可以得到顾客更多的理解和支持。此外，沟通还包括部门间的信息共享，使得服务流程通畅、高效。

总而言之，管理者在服务过程中的一切角色都指向质量文化的形成，每一个管理者都应该成为一个操之在我、崇尚质量的人。

第二章 服务中的角色认识

员工在服务质量保证过程中的角色认知

角色	目标
提供服务者	提供超越顾客期望的服务,使顾客满意
智慧的服务专家	预计顾客需求,解决顾客问题
平衡者	兼顾顾客和饭店双方利益
团队一分子	靠群体力量,达成顾客满意的目标
亲善大使	使客人和同事感觉亲切、友善
专业的操作者	讲求品质
公关第一人	营建顾客的忠诚感
愉快的合作者	人际关系和谐、成功
乐于奉献者	培养服务精神,修炼个人品行

　　员工因为是接触顾客的主体力量,他们在服务过程中具有举足轻重的地位。任何一个员工当然首先是提供服务者。服务水准有高有低,以顾客的期望为衡量标准。任何顾客期盼的是优秀的服务专家。优秀的顾客服务应该具备情感性。良好的顾客服务措施或体系必须能够表现出来是员工发自内心的,是诚心诚意、心甘情愿的。

餐饮全面服务管理：抓牢顾客的心

星巴克在对顾客进行细分的基础上，将咖啡产品的生产系列化并加以组合，根据顾客不同的口味提供不同的产品，实现一种"专门定制式"的"一对一"服务，从而能够更好地展现员工服务的魅力。星巴克还将咖啡豆按照风味分类，顾客可以按照自己的口味挑选喜爱的咖啡。口感较轻且活泼、香味诱人，并且能让人精神振奋的是"活泼的风味"；口感圆润、香味均衡、质地滑顺、醇度饱满的是"浓郁的风味"；具有独特的香味、吸引力强的是"粗犷的风格"。这种对于产品的"深加工"，从根本上提高了产品的"附加值"，使顾客"对咖啡的体验"成为有源之水、有本之木。而作为员工，能够据此更好地表现服务智慧。

一天，一位初次接触星巴克的女士，进入店中看着各种各样的咖啡品种发愣，服务生很快发现了这一状况，走上前去温和的询问。当客人表明对选择什么产品拿不定主意时，这位服务生灵机一动，把每种咖啡都为顾客调制了一小杯，等她品尝过后，选择了其中一种。顾客和服务生都很高兴，顾客得到了她真正想要的产品，而服务生通过自己的服务带给了顾客良好的消费体验。这是真正的服务中的双赢。

我们期望服务明星，但是我们更依赖一个优秀的服务团队。事实上，真正的优质服务不是一个人可以完成的。一个优秀的员工，在团队中表现出来的品质应该是热爱服务、忠于品质而又亲切友善。

管理者在日常工作中应该秉承的做法

管理者和员工的角色认知对实现一个服务体系的良性循环非常重要，

第二章　服务中的角色认识

是不可或缺的根基。在管理者和员工的互动当中,管理者应该承担更为重要的责任,从角色的综合表现来看,管理者应该秉承一些简单而有效的做法。

管理者首先应该表现出为他人服务的欲望。这需要:

1. 控制自己的情绪

制怒不论是从个人修养的角度,还是从管理的角度来说都是一项值得学习的技巧。

2. 保持积极的心态

不要让生活或者早些时候的不快影响到你,进而影响你的形象和工作。

3. 充满信心

充满自信的管理人员会影响到你的员工,让他们在服务过程中倾向于展现自信的一面,给顾客不同的心理感受。

4. 自省

时刻问自己:我做到善始善终了吗?我对解决问题起到积极作用了吗?我表现出为他人服务的欲望了吗?

其次,管理者应该时刻遵守建立成功领导者形象的规范。作为一名管理者,要能够在心态上相信自己,喜欢自己,这样做的目的不是让自己自负,而是在工作中展现"一定能够做到"的决心,随时让自己活力四射,成为正向影响员工心情的主力。

专家视点

你没有获得热情,你就没有决心。所谓决心,我要做它,因为那个对我来说确实非常重要。那么你没有得到的,往往就是你的创新和发明;你没有得到的,就是你愿意进行实验的愿望——用不同的方式来做事;另外就是你的创造性和你的聪明才智没有得到充分发挥。

——彼得·圣吉

请您思考

案例分析： 餐馆的困境

背景：

一家经营瑞士菜肴的餐馆在达拉斯开张有7个月了。餐馆的老板凯希出生在法国，是一名大厨。凯希按照欧洲的方式提供饮食和服务，一开始就大获成功。餐馆的职员穿着极为整洁，并且有一套严格的服务制度。凯希甚至要求职员在服务顾客时说法语。所有的酒都是从欧洲进口的，而牛排是经过仔细挑选的得克萨斯牛排，凯希亲自做所有的菜，要知道她的手艺棒极了。菜品的价格是很高的，但这并未影响生意，营业额也不断上涨。凯希也从没有打过广告，她的名声就是她最好的广告。

现状：

（1）生意越来越好，餐厅需要雇用更多的厨师。凯希想从法国聘用她的一些学烹饪的厨师朋友，还答应给高工资，有房子，但没有一个愿来。（2）凯希要求完美，甚至不惜开除人，但并不是一切都如她所愿，这周有几个烹饪组的管理人员答应按她所要求的方式干，但随后一些具体的东西还是走了样。（3）凯希的另一个麻烦就是她的几个服务员，他们总是想和顾客套近乎；凯希不准任何职员收小费。这既包括提供饮食的职员，又包括提供服务的服务员。职员的薪水是每小时10美元。服务员对此很有意见，他们已习惯收小费。（4）凯希对职员的穿着要求严格。每个员工和管理人员要保证衣服绝对整洁，并且穿着要严格符合规定：手套应是洁白的；每个管理人员手中都应有清洁布，以保证随时清洁衣服、鞋子和手套。（5）最近顾客满意度在持续下降，而且出现了很多不可容忍的问题，比如很多顾客抱怨饭是冷的。（6）员工的离职率开始上升，几个经理干脆直接告诉凯希，他们将不会再忍受她的方式，他们不满她的尖叫和吼声，不满她对整洁的挑剔。他们还抱怨工作时间太长。

本案例改编自：《管理案例博士评点》，代凯军编著，中华工商联合出版社2000年出版

第二章　服务中的角色认识

问题：

请从管理者的角色认知角度分析凯希的哪些方面可以改进？您有什么好的建议？

| 第三章 |

可测量受控制的服务流程

别人看我的结果,我自己看自己的过程。

——服务业黄金警句

一

服务的全接触过程

服务，简单来说就是让客人满意。要想做到这一点，首先是要有完善的服务质量体系。体系之中，最为重要的是服务流程。而服务流程必须可以被测量和受到全过程的控制。

服务流程虽然是服务质量体系中的一部分，但是其本身也是一个庞大的体系。这一点我们使用顾客和餐厅的接触全图来加以说明：

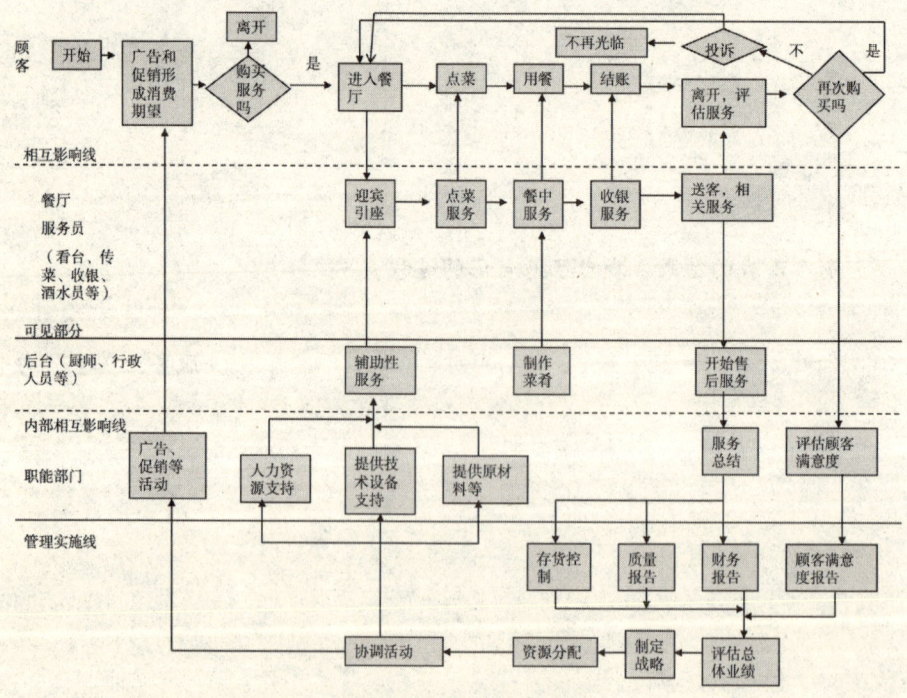

顾客与餐厅接触过程图

第三章 可测量受控的服务流程

这张图很清楚地展现了一个顾客和一个餐厅从接触到脱离的全部过程。它告诉我们，任何顾客可见的行为表现、服务质量问题，其实都应该深入地研究顾客不可见部分的缺失。而这种研究最终的目光应该落在评估餐厅的整体业绩之上。

这首先要求我们对顾客的全过程经历负责。也就是说，**我们出售给顾客的不能单纯的说是服务、环境、菜品还是文化，而是一种综合的东西，这个东西进入顾客的感受系统，就是顾客留下的消费经历。**

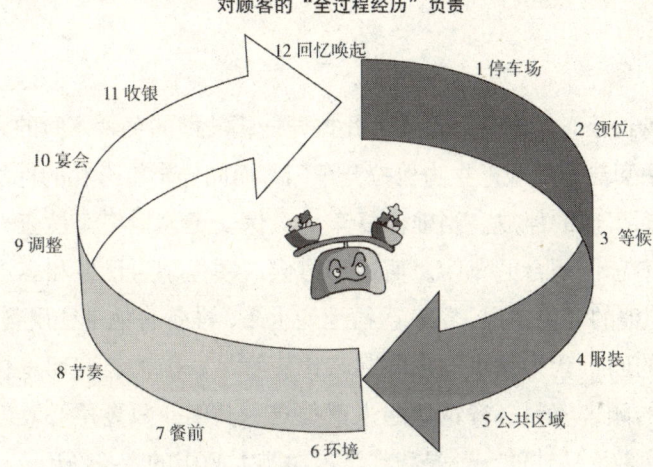

对顾客的"全过程经历"负责

1 停车场　2 领位　3 等候　4 服装　5 公共区域　6 环境　7 餐前　8 节奏　9 调整　10 宴会　11 收银　12 回忆唤起

这个经历中的任何一个点都可以说是最关键的，因为它都会影响到顾客的整体感受。我们需要逐一的来加以解释。

一坐一忘身着民族服装的领位人员　　北京宴充满欧式风格的环境　　顺峰的环境充满了岭南商务文化感觉

二

顾客全过程经历的理解

1. 停车场

当顾客抵达停车场时,他希望由此拉开一幅美妙的美食体验的大幕——衣着得体、手套洁净的服务生为他拉开车门,而同样彬彬有礼的保安姿势标准地为他指挥车辆的停放。当他停好车后,保安迅速地将车检查一遍,提醒他关好一扇忘记闭合的车窗。而这个时候,领位小姐已经和客人进行了沟通,了解到他的订位情况,笑意盈盈地迎上来,准备将他带往用餐的包房。很多餐饮业的同行认为这点酒店做起来比较容易,因为他们通过住宿记录有更多相近的顾客资料,餐馆做起来就很难。其实,只要用心,就会收到同样的效果。前面所述的,就是我在济南净雅大酒店的亲身经历。

2. 领位

在领位这个环节,最重要地是如何通过领位的行为开始建立和顾客的良好互动,要知道,好的开始是成功的一半。要想做到这一点,除了得体的仪容仪表、优雅的举止、恰到好处的微笑,最重要的还是对顾客无时无刻的真诚关注。我想举两个例子从正反两方面加以说明。

从事餐饮行业的人士都知道北京有个"大董",在 2008 年北京奥运会期间,大董企业的两家餐厅接待了 30 多个国家的元首用餐,而且都是这些国家领导人自己找上门来的。此外还接待了国际奥委会的萨马兰奇名誉主

第三章 可测量受控制的服务流程

席和罗格主席,萨马兰奇主席在餐后激动地说"大董的美食也是一块金牌,和冠军的分量一样重",并和员工们亲切合影留念。

大董为什么这么吸引人?甚至在欧洲、美国、日本、东南亚都享有极高的知名度和美誉度?我想,这和大董异常关注自己的品牌,在细节方面尽善尽美是分不开的。

我们就说一下大董领位人员的披肩。北京的冬天是很冷的,哪怕空调风幕的威力再大,也难以让经常在门口开门迎宾的员工感到时时刻刻的温暖。于是大董企业很细心地为每位领位员配发了披肩。员工们觉得这些披肩皮毛细致,披在身上既暖和又高贵,都精神抖擞、充满自信。一位客人十分喜欢领位员的披肩,爱不释手,想问问是在哪里买的。因为她想给员工买的披肩一定不会很贵,如果买给自己真是划算很多。结果领位员温柔地告诉她,这些披肩是定做的,用的是进口的獭兔毛皮,每条价值人民币两万元。客人在惊诧的同时,更为佩服大董的魄力、眼光。领位员的披肩在第一时间给顾客留下了餐厅"高贵"的直接印象。

接下来讲的是我在大连一个三星级宾馆的餐厅用餐经历。

餐厅门口的领位年轻漂亮,穿着大红的旗袍。旗袍既然号称"国服",就应该体现国服的尊贵,否则的话,反而有些不伦不类。可惜这家酒店的旗袍即是如此,因为袖口镶嵌了质量不过关的丝边,经过多次洗涤后,已经脱丝。我正在看着这圈随风而动的丝线时,小姐已经在前边带路。她推开并不灵活的玻璃门,自顾自在前面婀娜而去,而我之所以没有跟上,是因为她纤手轻扬,门已经关闭,而不管我是否已经撞在了门上。如此的服务开端,将会给顾客留下怎样一个记忆深刻"灾难"般的消费体验!

3. 等候

等候也是非常重要的一个关键点。我们仍然举大董的例子。

大董等位区提供免费的澳洲葡萄酒

想要在大董用餐，需要提前三天预订餐位，否则的话，您的平均等候时间大概是一小时。纵然如此，很多热爱大董品牌的老饕们仍然乐此不疲。原因何在？大气的大董，不仅为等位的顾客提供书报杂志、各色饮料，还提供了免费的无限量的精选澳大利亚的白葡萄酒和红葡萄酒，让顾客们优雅的一边品尝葡萄美酒，一边等待激动人心的美食时刻。

4. 服装

服装的问题也是一个容易被忽视的地方。甚至开玩笑地说，从裙子的长短都能看出这家餐厅经营的菜系，比如，一般来说，粤菜餐厅的服务员裙子都是比较短的。服装其实是体现一家餐厅文化的一个较为直接的窗口。对于服装的精心选择，不仅仅是价格的问题，而是色彩、款式、面料如何与餐厅的文化相协调。比如一家高档餐厅，员工服装通常会选用下垂感非常好的面料，而快餐厅就会选择较为蓬松的面料。

金融街威斯汀宴会厅的服务员的服装非常契合现场环境

5. 公共区域

公共区域越来越被顾客所重视。我强调公共区域的两点问题：一是卫生间的清洁和一致性；二是在公共区域我们如何与顾客交流。卫生间里的关键节点又是什么呢？气味、干湿区分开和一致性。卫生间里最好的气味就是新鲜的空气，不要臭味，当然也不要恶俗的、令人窒息的空气清新剂的味道。很多高档的餐厅，在卫生间内使用气味分解剂，不是用一种气味遮盖卫生间的气味，而是把不好的味道加以分解，成为新鲜的空气。

香格里拉如何树立品牌的独特印象？首先从气味入手。香格里拉特别聘请了世界著名的香水大师，调制出一款特别的、宛如莲花初放的香气，通过中央空调的送风系统，送进饭店的每一个角落。这种香气给顾客留下了深刻的印象，成为识别香格里拉的一个有效手段。

而卫生间的干湿分区也是很重要的。不仅仅因为潮湿是细菌繁殖的必要条件，从而造成细菌繁殖分裂产生不良的气味，更重要的是从心理角度来说，有了干湿区的分隔，顾客才会有心理上从"生理解决"到"卫生"的转换。

所以很多高档餐厅卫生间内仍然有很多迂回曲折的设计，其目的即是在此。卫生间还有一点也非常重要，就是保持良好的一致性。比如说，在卫生间里有六个马桶，其中四个的盖子是打开的，另外两个的盖子是闭合的，顾客的心理上首先就会产生疑虑：连卫生间都无法保持一致，那么其他服务呢？肯定也是无法奢求的。

北京大宅门酒店卫生间

而我们在公共区域还有一个问题是经常会频繁地遇到顾客。如何跟顾客打招呼？这是一个简单的事情吗？这恰恰是很多餐厅经常忽略但是给顾客造成很多困扰的问题。请看如下例子：

李先生穿过餐厅的走廊去往自己预订的包房，看到远处走来一位服务员，因为步履匆匆，而且没有通过目光先和李先生交流，所以李先生做好了不打招呼的准备。就在二人交错的那一瞬间，服务员停下了，而后叫了一声"先生"，李先生也马上停下自己的脚步，等候服务员的下一句话。结果服务员接着说了一声"您好"，然后自顾自离去。留下站在原地的李先生满脸苦笑地摇头。

规范的在公共区域与顾客打招呼是怎样的？当我们发现前方有顾客走来时，在距顾客10步左右时，应该目光交流，点头微笑示意；当距离顾客5步左右时，停下脚步，向着顾客前进的方向侧身，同时使用指引手势指引顾客前进的方向，身体略向前倾，15度鞠躬向顾客语言问候；问候时致意用语先说，称呼用语后说；待顾客离开5步左右后，转身离开。这样的一种流程，体现出专业、高雅的接待态度，是一种值得推许的款客之道。

6. 环境

就环境方面来说，我一直主张要有主题。我在山西一家酒店用餐，它的名字叫做"黄河大酒店"，但是吧台的装饰墙上是四大朵盛开的金漆牡丹花。这个和店名有什么关系吗？经过询问得知，是因为老板娘非常喜欢牡丹花，而且认为是富贵的好兆头。这样的一种环境符号，会造成顾客对品牌认知的混乱，从而影响顾客对服务质量的评价。

这一点我们不妨多说一些。餐厅的主题装修应该明确地体现餐厅的文化导向，并且最终为烘托菜品而服务，是以向顾客提供菜品这个核心产品为根本目的的，其他的诸如服务的功能、休闲的功能、文化的功能等等都可以看做是这一根本目的的延伸。所以，塑造特色是菜品和其他形式并重的，不能一味地追求歌舞伴宴、后现代装修，而要以菜品为中心。

此外从环境装饰的角度来说，要注意空间布局。具体来讲，餐厅的空间布局会影响餐厅的档次、气氛、情调。餐厅布局得宽松，就会显现静谧、高雅，适宜接待隐私性强的、高档次的顾客；餐厅布置得紧凑，就会显得快捷，适合快餐或者工作用餐。餐厅布局还会影响餐厅的服务质量。因为空间布局不同，顾客和服务人员的动线就不相同，是否形成良好的动线以及能否通过合理的布局使顾客和服务提供者形成良好的互动，都是空间布局的作用体现。因此，空间布局也是提供服务、保证质量的重要因素和环节。

要想进行合理的空间布局，首先要了解空间的种类。我们通常根据空间作用的不同将它分为三类：即就餐空间、公共空间和服务空间。就餐区域主要指顾客用餐的区域，包括桌椅之间的空间、餐桌之间的空间、就餐

第三章 可测量受控制的服务流程

马克西姆胡桃木的装饰和灯光很好地表现了法国贵族餐厅风格

时顾客与顾客之间的空间等等；公共空间指不是就餐的公共区域，例如走廊、通道、卫生间、休息区域等等；服务空间是指服务提供所需要的空间，比如收银台的区域大小、备餐柜的布置摆放、还有一些小型舞台等等。而一个雅间这种分类就体现得比较明显：餐桌及周围是就餐空间，沙发、卫生间等是公共空间，衣柜、卡拉OK设施体现了服务空间的概念。根据不同目标顾客市场的需求，餐厅可以强化空间的区隔或相对减弱空间的区隔。通常我们对应采取硬性或者软性的功能区隔方法，硬性区隔指使用明显的材料加以明显的功能划分，例如石材、板材等等；软性的主要是指按照家具的摆放或者使用纱帘等将空间的功能加以隐晦的表明。但是不管硬性的还是软性的区隔，都要秉承着相互照应、区隔合理的原则，不能让顾客觉得不方便，也要符合顾客的需求。比如，如果是做中低档市场的餐厅，就要尽量增加就餐空间，节约公共空间和服务空间，以免造成空间资源的浪费，而做商务客人的餐厅，只有扩大休息空间才能让顾客觉得幽深放松。比如湘鄂情的菁英汇走廊宽阔，客人走着突然发现迎面是一面大玻璃镜子，正不知所措时，大镜子自动移开，原来是

顺峰的雅间有宽敞的休息区

香山饭店环境

布局疏密合理的大董大厅

一扇自动门，这面镜子的巧妙之处就在于既通过视觉的误差扩大了公共空间的面积，又给客人"山重水复疑无路，柳暗花明又一村"的感觉。而餐厅里的水池、竹林也占用了很大空间，确实给客人营造了一处心灵放松的港湾。

在实际运营过程中，大厅和雅间布局有不同的侧重点和技巧。大厅的布局要注意如下五个方面：

（1）门口的过渡空间一定要处理好

俗话说得好：看人三分面。餐厅也是一样，除了门面，餐厅门口是客人进入餐厅以后的第一印象，直接决定顾客对餐厅印象的好坏。过渡空间凌乱和拥挤是餐厅的大忌。著名的设计大师贝聿铭先生设计的北京香山饭店，一进大门是一扇灰白色的石材影壁，但是中间有一个大圆洞，后面是一个小水池和绿萝，让人能够望见后面的东西，但又看不真切，既使人眼前一亮又惹人遐思，这是贝大师充分借鉴了中国苏州园林的设计思想，给中国饭店设计史上留下了一个光辉的里程碑。

（2）大厅的布局要合理分区

大厅设计多少餐台容量，不仅要看顾客需求，还要考虑大台和小台的配比。要将大台区域和小台区域加以隔离，因为大台顾客多，通常较吵闹，小台人少，需要安静。而且大台和小台要相对整齐划一,不能大台插小台,让顾客觉得服务无序。其次要注意每一个小分区里服务区域的设置,不能让服务员跨过这个分区到另一个分区的备餐柜取用餐具,这在繁忙时段很容易造成和顾客的拥堵碰撞,也不利于服务员及时迅速地为顾客提供服务。

（3）通道要具有方向性

通常会以餐厅门口为起始点,以通道方向对面的墙上醒目的壁画或其他装饰为引导,也可以用天花的走向为引导。北京必胜客安贞华联店整体装修采用偏蓝色调,温馨又浪漫,但是这家店的大门处空间局促,一进门必须向右拐才能进入主就餐空间,必胜客通过在天花上装饰波浪形边缘的吊板,给人一种自然流动的感觉,又用暖黄色的小灯按照十二星座的位置加以装饰,使人一进门就被这恍如天籁的设计所吸引,心中一片温馨的自然而然地进入就餐区域。

（4）收款台要靠近大厅门口

收款台要能够纵观全局,这样便于服务程序的设计,也方便急着结账离店的客人。

（5）注意工作柜的摆放位置

工作柜尽量靠墙摆放,这样不过多影响顾客的空间,也不影响通道的顺畅,如果确实大厅的空间比较大,那么建议两个工作柜可以相对而放,便于互相照应又可以最大限度地节约对就餐空间的占用。

对于雅间的空间布局要注意如下四点:

（1）餐台大小的选择要慎重

通常我们留给顾客的就餐活动空间为30厘米,加上餐位深度50厘米,再加上行进通道的距离80厘米,还要乘以2,就是最终的活动空间距离即3.6米,那么一个雅间若摆1.8米直径的十人台的话,至少也要5米~5.4米的宽度,如果少于这个宽度就要考虑减少餐台直径,以免顾客感觉局促,降低了雅间的档次和舒适度。

（2）雅间里可以充分地利用软性区隔的方法

使用硬性区隔会使雅间视线狭隘,而且造成诸多的工作不便,使用软性区隔就可避免这个问题。北京眉州东坡酒楼恋日店的雅间,墙纸选用淡乳黄色底子上有对对游鱼，柔和的灯光如一圈圈黄晕从羊皮灯里倾泻出来，桃红色的纱幔从天花板上垂到地板上，将用餐区域和外边的过道一分为二，里面自有天地宽，让顾客陷入了温柔的氛围之中，而不再觉得外面的事物纷扰，就是空间布局点睛的一笔。

（3）建立"空中楼阁"

长安壹号的厅面装饰和备餐用品都是向空中发展的

雅间因为环境所限制，空间有限，可是为了满足服务需求又必须设置若干用品台，而且为了显示档次又必须配备电视机，这时可以向空中要空间——将电视机悬挂起来而不是放在电视机柜上，将消毒柜和备品柜钉在墙壁中间，都是解决这个问题的好办法。

（4）在墙上开出传菜窗口

雅间的空间布局讲究以客为尊，不能因为提供服务而干扰顾客，山东倪氏海泰海鲜酒楼的做法值得我们借鉴。山东倪氏海鲜的厅房长度很长但是宽度略显不足，他们挖空心思在备餐台上设置了一个可以上下拖拉活动的玻璃窗，如果某道菜品做好了，传菜人员将菜品通过这个玻璃窗放在备餐台上，玻璃窗就闭合了，如此既不会影响顾客，也不会因为开窗户而让外面的人对雅间的情况一览无余。

7. 餐前

餐前最重要的是注意随时保持员工的工作状态。即使是在餐前，也有可能被早到或者路过的顾客看到，如果员工嘻嘻哈哈或者不够遵守有关的卫生规定，都会给顾客留下相当不专业的感觉。所以在很多高档的餐厅，即使是在餐前摆台，没有顾客的情况下，仍然要求员工戴着已经消过毒的白手套,并且是以手指托住碗的边沿摆放,而不是抓着碗的内壁摆放。

在比较优秀的餐厅,一般通过"餐前准备程序与标准"(见下表)来规范餐前的准备工作:

隐泉餐厅顾客就餐前可以选择自己喜欢的筷子

餐前准备程序与标准

程 序	标 准
餐前餐厅摆台及桌椅检查	1. 圆桌主位面向玻璃窗,正主位和副主位在同一条线上。 2. 各套餐具间距离相等。 3. 餐用具卫生洁净、无破损。 4. 小方桌扶手椅横竖在同一条线上。
餐前餐厅内卫生检查	1. 圆桌上玻璃转盘干净且居于圆桌正中,转动底盘转动自如。 2. 沙发及桌椅平稳、整齐且干净,无饭粒、牙签一类的杂物。 3. 餐车干净无污物、油迹。 4. 接手台干净且台面上的玻璃洁净如新。 5. 地面干净光亮,无污迹,无杂物纸屑。 6. 墙面、墙角无破损,无灰尘,无污迹。
餐前接手台检查	1. 接手台需存放足够用的套盘、餐盘,且抽屉内应备有供正常翻台使用的刀、叉、勺及其他餐用具,并分类摆放整齐。 2. 应急蜡烛是否备足。
检查餐厅内的灯光照明情况、空调及背景音乐	1. 开餐前1小时打开所有照明设备,如发现故障,立即通知后勤部维修更换(电话通知后补请修单)。保证开餐时所有照明设备工作正常,照明度适宜。 2. 开餐前1小时,检查空调情况,保证餐厅温度:冬季为22℃~26℃,夏季为18℃~24℃。 3. 背景音乐按要求播放,音量适中,不影响客人交谈。 4. 各电器设备电源开通,完好无损,处于最佳运行状态。 5. 所有调节开关灵活,无漏电隐患。

续表

开餐准备	1. 开餐前15分钟做好开餐准备，在接手台上面放好若干个圆托盘，其他餐用具如餐盘、调味碟等也须在此时间内准备完毕。 2. 检查开水是否新鲜。 3. 柜内摆放整齐的菜单和酒水单，以供点菜使用。
检查宴会预订摆台	1. 所摆餐位要符合宴会预订人数。 2. 检查客用宴会菜单打印正确程度，应印制清楚、干净，且据宾客国籍打印不同的宴会菜单（有中、英、日文三种）。 3. 鲜花新鲜，插花美观。 4. 宴会指示牌干净，内容正确。
检查餐厅门、窗	1. 餐厅正门和服务区域的门能正常使用。 2. 开关任何门无噪声发出。 3. 门表面、把手清洁无污迹。 4. 每天10点整领位打开所有的餐厅门。
安全检查	检查应急灯是否正常工作，安全通道是否畅通。
检查仪容仪表	检查员工仪容仪表是否符合上岗要求。

8. 节奏

服务的过程其实就是一个对顾客用餐节奏进行把握的过程，这要求我们熟知菜品的寓意。请看个真实的例子：

小张是一家河南菜酒楼的主管，今天接待40桌婚宴，客人享用的是洛阳传统的风味菜肴——水席。就在菜刚刚上了几道，新人还在依次敬酒的时候，怪事发生了——在座的顾客开始纷纷离席，新人十分纳闷，而双方父母已经围在小张面前要求酒楼包赔他们的损失。这问题就出在一碗鸡蛋汤身上。按照酒席的一般流程，汤是先上的。可是在洛阳水席里，汤是一场宴席的收尾之作，如果上了汤，就意味着宴席已经结束了。而今天的宴席实际上大菜还都没有上桌，结果客人们一看汤已经来了，纷纷离席，还大说特说新人小气，直把双方父母气得够呛。

如此一来，何来服务质量？

9. 调整

餐饮服务无小事，只要是接受了顾客的预订或者开门营业了，那么就要保证不管遇到什么情况，哪怕是突发事件，都应尽量保持专业的服务水准。所以，各项预案的制订、完善、演练就显得格外重要。

在这里，我们重点强调的是菜品的品质控制。菜品品质是餐饮企业的核心，它的高低将会直接影响到企业经营的好坏，因此菜品品质控制是一个老生常谈的问题。但是，很多餐饮企业的菜品品质却出现了不稳定的现象，即总经理强调后好一些，过了一段时间就开始下滑，总经理再强调一次，质量就又上升一些，这种品质的不稳定从某种意义上来说，其危害性比单纯的品质下滑还要严重。因此，若想有效地控制菜品品质，必须从厨房菜品制作和前厅流程配合的环节予以考虑。

原料申购单

申购库区：

名　称	单　位	规　格	数　量	到货日期	备　注

首先是菜品的原料供应环节，要注意三个方面：

（1）采购与验收

采购部门要按照厨房负责人的采购清单进行采购，采购的物品要符合厨房负责人提出的品质要求和时间要求，所以一份完整的《原料申购单》应该包括至少如下几个元素：原料名称、规格、单位、数量、购回时间等。

如果不能够及时购回，采购部门应该立刻向厨房负责人说明，并进行挂单处理。如果原料及时购回，对于原料的品质是否认可，应该予以及时的验收。验收分为两大部分，一是书面验收，一是实际验收。**书面验收**是指接货人员根据《申购单》检查进货品类是否符合要求，另外根据送货清单检查进货原料的数量和规格是否符合要求。**实际验收**是指厨房技术人员对原料的品质进行认可。

（2）编制《食品原料采购规格书》

在实际工作中，有很多时候申购部门和采购部门就原料品质判定发生很大分歧，根本原因就在于判定标准不统一。要解决这个问题，必须事先编制《食品原料采购规格书》。《食品原料采购规格书》的项目应包括：原料名称、原料用途、感官描述（外形、色泽、软硬程度、气味等）、技术指标（指原料的产地、等级、比重、规格、标准重量的数值等）以及彩色照片。

（3）原料的保管

原料的保管首先必须符合防疫卫生的要求，这里强调冷冻原料的保管。按照 HACCP 的标准来说，冷冻库的温度必须保持在 -18℃，冷冻的原料一经解冻不得再次冷冻储藏，所以要求厨房人员在操作前预估营业用量，然后按照用量拿取原料。所有的原料都要坚持先进先出的原则，同时严密监控各类原料的最长储藏期。

食品原料采购规格书

类别：									货商名称：					
品名	编号	数量		规格		等级	单价	申购日期	到货日期	保质期		厂址	联系方式	备注
		申购数量	实收数量	申购规格	实收规格					出厂日期	到质日期			

续表

验收方法、过程说明：	照片：
备注：	

经手人：　　　　　　　　　　　　日期：

其次是菜品的制作阶段，重点要强调两个环节：

（1）原料的切割和上浆

加工是菜品制作的第一个环节，故首先要检查确认各类原料质量可靠，才可进行加工切割，并根据烹调做菜需要，明确规定加工切割规格标准，最忌讳切割不均匀。原料经过加工切割，大部分动物水产类原料还需要进行上浆，这道工序对成菜的色泽、嫩度和口味产生较大的影响，所以必须严格按照售卖预估量进行，不能一次上浆大批量的原料，导致原料达不到正常上浆应有的标准。

（2）菜品分量

菜品分量不统一也是影响菜品品质的重要因素。因此配菜人员对于各种菜品的配料数量必须掌握精确，同时必须兼顾多单配菜，比如对于单独客人不论菜多菜少，均应优先配好。

菜品的具体制作过程实乃"鼎中之变，精妙微纤"，其质量控制尤其显得重要和困难，故开餐前的准备工作不可轻视。各种调料和味汁的摆放位置将直接影响菜品制作的最后品质，因此开餐前各个灶头的用料均要摆放整齐并统一位置，以免发生人员临时调配时甚至找不到调味料的现象；同时在开餐期间，配菜人员也必须随时为灶头添加调味料。

再次是菜品传递阶段，重点要注意：

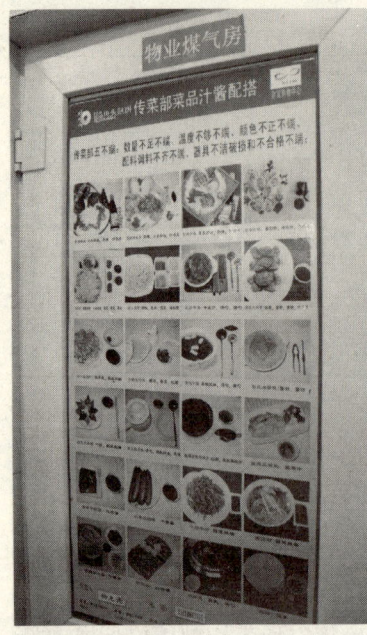

旺顺阁传菜部可视化的传菜最终控制

（1）传菜人员的成品检查

主要是检查菜品从感官上看是否符合要求，例如色泽是否正确、香味是否浓厚、造型是否标准、盛器是否完整、作料是否齐全，完全可以从传菜环节予以控制。

（2）上菜顺序的适当控制

例如同时制作出小吃和热菜，应该先上热菜，略等片刻后再上小吃，而不要不加控制，厨房制作好什么就上什么。

最后是菜品餐桌消费环节，重点要注意：

（1）要在餐桌上完成的最后一道工序

有的菜品要在餐桌上完成最后一道工序。例如"锅巴虾仁"，随着服务人员的介绍和三鲜汁的倒入，锅巴爆响，香气扑鼻，客人才会体会到这道菜的精华。

（2）及时上桌

菜品不能在备餐柜上放置较长时间，要及时上桌。很多菜品"一滚当三鲜"，当菜品温度降低时菜品的味道就大打折扣，也引起客人对菜品品质的不满。

总而言之，菜品品质控制是个系统工程，不可能依靠单一环节和单一部门的控

旺顺阁一目了然的传菜流程

制就一蹴而就，我们必须监控菜品生产和消费的全过程，才有利于菜品品质的保证。

10. 宴会

餐厅宴会接待是餐饮管理的重要项目之一，因为宴会客人是影响潜在客人消费的重要媒介，如何使宴会接待走向成功并给客人留下美好的回忆，

第三章　可测量受控制的服务流程

将成为引起客人再次消费意愿和诱发良好的口碑效应的决定性因素。

一个宴会的成功接待无疑和餐厅的环境、菜品的质量有很大的关系，但是随着客人精神需求的层次越来越高，无论如何，精心准备和策划已经成为宴会接待成功的新的前提。宴会的策划是以丰富的想象力为基础的。敏锐的触觉和丰富的想象力是筹划一场成功盛宴的必要条件。筹办一场既让主办方满意，又能吸引宾客的盛宴能给餐厅带来更高的利润与更多的商机。

好的策划必须围绕一定的主题。这个主题不是根据餐厅的喜好而确定的，而是必须与来宾团体或公司的气质相协调。比如说，一个烟草公司的答谢宴会，餐厅选择烟盒形状的主题餐台，在主要的位置饰以雪茄烟，可能效果会比司空见惯的鲜花效果要好。而一家手机公司的宴会，围绕手机的主题也会较一般的主题给客人留下更深刻的印象。此处需要提出的是，很多小的装饰造价很低但却能起到画龙点睛的作用，例如一个以"江南·春天"为主题的宴会,在墙上饰以渔网，错落有致地挂着贝壳，餐台上改成铺蓝印花布的桌布，上面不放惯常的鲜切花，而是放了一个惠山泥人，令客人拍案叫绝。

成功的晚宴需要有特色，要超乎常人想象。别出心裁是很重要的。这就需要在宴会的安排和烹饪的风格上下功夫了。

餐厅必须重视所有的细节，重要的是餐前的沟通，包括：①核对宴会接待的人员，每个人要明确各自的任务；②走场预演的时间——

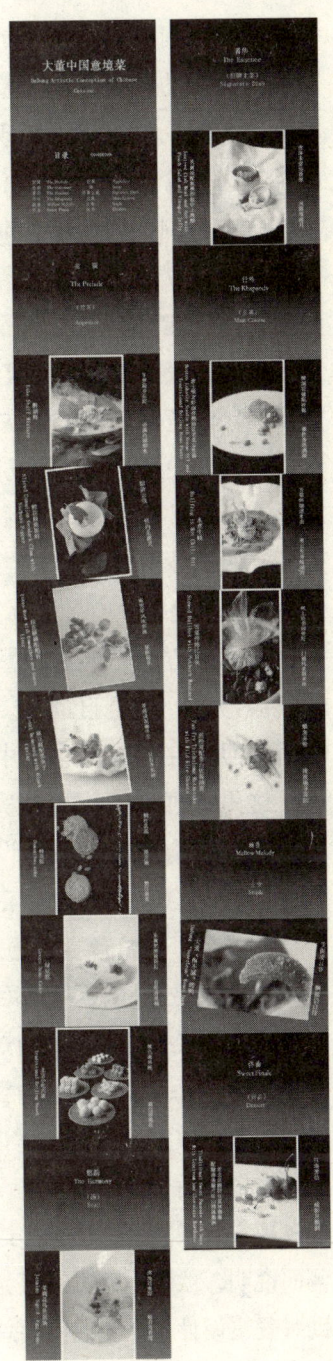

大董宴席菜单充分展现了主题

每个人员如何行进，行进的通路如何更加合理以避免和客人发生更多的交叉；③物料的准备——需要注意的是客人预订的同一品牌的酒水会不会因客人人数的临时增加而出现不够的情况，这会令客人大为扫兴；④预测问题并向每一个接待人员提供解决方案，例如天气发生变化时的应对方案；⑤相关的协调部门的工作时间表——要保证服务的流畅性，往往一个环节衔接不上，就会制约所有环节的准备工作；⑥菜品的盛器要超凡脱俗，紧扣主题，不能所有的主题都用同样的盛器。

　　所有的餐前策划需要宴会前的沟通会议予以进一步的明确。这也是通常的做法，但是很多餐厅面临着餐前会的效用比较低下的问题。这和餐前会的形式有很大关系，我们不妨改变餐前会管理者主讲、布置任务的形式，而代之以能活跃员工的形式，例如大家一起唱一首快节奏的歌，互相击掌或者围起圈来握手鼓励，或者主持会议者提问有关宴会准备工作的问题，让员工回答，这些都是行之有效的办法。

　　在宴会方面，还有很重要的一种宴会形式，就是自助餐。自助餐的基本服务在很多教科书中都有论述，这里不再赘述。我仅从实践的角度来说说自助餐餐桌的设计如何做到富有新意，要知道，充满新意的自助餐台将为整台宴会锦上添花。

　　自助餐要避免千篇一律，以独特的餐桌设计吸引顾客。我们知道食品同样需要设计。北京知名的餐厅"藏酷"的每一道菜上桌前，都有视觉指导师来把最后一道关，新菜设计也要经过视觉效果验证这道关。这从一个侧面说明，饮食设计大有可为，而自助餐餐桌设计，是我们需要总结和创新的一个重要方面。

京伦饭店法国食品节自助餐台

要想设计一个富有新意的自助餐餐桌，首先我们要牢记两个原则——质量和戏剧效果。确实，我们设计自助餐餐桌的目的就是通过餐桌展示给顾客餐饮的质量和戏剧效果，从而带给顾客独特的用餐经历。这两个最重要的因素包括一些基本要求，见下页表：

质量与戏剧效果所包含的因素

质　　量	戏剧效果
新鲜诱人的	独特体会
原料时尚健康	颜色和谐而有优雅的美感
食品即明星	如戏剧般展开来的用餐过程
菜品本身适当	戏剧需要配角

具体来说：首先，自助餐餐桌带给客人的第一感觉应该是食品丰富、新鲜、健康而又时尚。其次，再好的餐桌设计也是一种形式，形式是为表现内容而服务的，在餐桌上最显眼的明星应该是食品本身，当然食品本身制作适当是基本要求；再次，既然要想给顾客带来独特的用餐感受和体验，就要使自助餐的进行如同一场戏剧，围绕一个主题，在自助餐桌的引导下逐步拉开序幕直至高潮呈现，并有一个完美的结尾。所有的顾客都应该在自助餐的过程中得到视觉和味觉的双重享受。

这些具体要素可以看做为自助餐餐桌设计的基本要求，那么怎样才能达到上述要求呢？我们应该主要考虑并预先设计如下八大方面：

（1）品种

首先要考虑这次自助餐的主要提供品种是什么，我们才能设计出自助餐餐桌的主题。主题如同画作中的线条，艳丽的色彩要在线条内调配，否则，色彩再艳丽，脱离了线条就是一幅涂鸦之作。比如这次自助餐的主要品种是营养新蔬菜，例如美国速生、芽球菊苣等，餐桌上就不应该设计摆放贝壳等体现海洋原材料特点的元素。

（2）色彩

首先要考虑主色调是什么，例如北京京伦饭店组织的法餐自助餐会，主色调就基本上选用法国国旗色——红、白、蓝三色,并加以较好的体现。其次,色彩怎么才能具有跳跃性?在餐桌上不能将大面积的同一色系的食品放在一起,这会给顾客造成呆板、食品不新鲜的感觉。

(3) 质地搭配

质地搭配首先是食物的搭配。在餐台上过多的红色肉类放在一起会给客人油腻的感觉,而过多的蔬菜放在一起又会让人觉得食品的档次不高,大有"萝卜开会"的嫌疑。其次是餐桌本身和食品的搭配。如果是大理石台面的餐桌,上面又摆放了很多面包和糕点,就会让顾客联想到"坚固、陈旧"等暗示性的词汇,就需要我们改造餐桌材质,例如铺上一层质地很好的棉织台布,就会让顾客有松软的感觉;或者将贝类挪过来,就会相得益彰;也可以摆放新鲜的叶菜,在对比中突出菜品的鲜嫩。

(4) 烹饪法的搭配

在餐桌上烹饪法相同的食品尽量放在一个区域,而要避免跳跃,若是大型自助餐,可以考虑主要菜品在不同区域均放置。自助餐顾名思义很少提供餐中服务,顾客习惯按照个人口味在固定区域找到同一烹饪方法的菜品,而不必东奔西顾。而从另外一个角度来说,同一烹饪方法的菜品在同一区域从口感上来说互相影响也最小。

(5) 装盘

菜品装盘也是餐桌设计的一个主要方面,装盘没有固定的模式,但是要在和谐中追求不同。材质要配合菜品,例如面包通常盛装在扁柳条筐中,可是如果换作原木纹质的圆盘,一样能取得衬托出面包松软的效果,又令顾客眼前一亮。另一方面,盛器的造型要多种多样,形状各异,才能给顾客琳琅满目的视觉冲击。

京伦饭店自助餐——面包盘

(6) 进餐流程

自助餐是一场靠自助餐餐桌引导的戏剧,自助餐餐桌的设计必须考虑到就餐的流程。首先是顾客的动线。餐桌不能干扰顾客的行动方向,否则会造成用餐时顾客之间的混乱,其次餐桌上的食品必须按照进餐的顺序摆放,不能顾客在拿了例汤之后,一看前面摆的是冷素菜,后面摆的是冷荤菜,这样就造成了顾客之间的拥堵;或者顾客选取了凉菜之后,紧接着摆的却是水果,让顾客一头雾水。

(7) 配饰

首先,配饰应有一个主要突出物,比如自助餐的主题是"老北京风情",那么红灯笼、风车应该成为主要突出物,而不是大盆大盆的鲜插花。其次,自助餐的配饰应该多选用小而繁多的,比如鲜切花,选用花头小而枝数较多的以色列玫瑰,就比大朵的阳光玫瑰显得新颖、活泼。

(8) 空间摆放

在决定自助餐台子的大小和形状之前,必须首先确定就餐分区的数量,然后是自助餐台的大小,最后考虑设计哪种形式为好。估计大小时,应始终给每盘食物安排出 0.09 平方米的空间以便旋转碗或碟子,特殊尺寸的镜盘还要现场试验一下。在估计摆上台子食物数量时,应记住把不能吃的东西也计算进去,如装饰物、空碟堆、磨胡椒籽的小罐、花饰以及客人要求放的其他物品(如吉祥物或小旗、特殊纪念品)。其次,食品的摆放应该错落有致,不能全部放在同一平面上,可以利用铁架、菜盘下垫鱼缸等方法使菜品的摆放层次分开。

如果说以上八条是自助餐餐桌设计的基本考虑方面,那么怎样提高自助餐餐桌的摆设水平呢?我们可以尝试如下的方法:

(1) 利用食品原料来作为色彩的调节

北京京伦饭店法国食品文化节自助餐的摆台(下页图上),在海鲜掌盘里周围用彩椒等蔬菜围边,既以蔬菜的新鲜暗示海鲜的鲜活,又增添了海鲜类食品的色彩,诱人食欲。

(2) 使用反射镜面作为背景

在餐台上怎么才能显示出食品的丰富?在几层食品的背景上用玻璃镜面作为衬底,就会取得琳琅满目、食品丰富的效果。

(3) 越靠近顾客的摆设越要化整为零越要细腻

这样才会给顾客留下精雕细刻的感觉,我们来看图片(下页图下),精美的盘饰给用餐的顾客留下了深刻的印象。

餐饮全面服务管理：抓牢顾客的心

京伦饭店法国食品文化节自助餐

京伦饭店法国食品文化节自助餐

（4）可以适当自制一些炊具和用具

如42页图片中的面包盘就是用在宜家购买的单体餐具，经过简单的加工组合而成，层次分明，给顾客食品立体化的感觉，同时木盘又给顾客朴实回归自然的感受。

（5）摆放餐具的餐桌也应该加以装饰

因为顾客追求的是整体感受，如果顾客感受到你在非销售主体桌——餐具桌上都用心、有诚意，就会体会到你在食品桌上的良苦用心和精心准备。

只要我们遵循自助餐餐桌设计的基本原则，而又能考虑到餐饮的主题，以顾客的角度推想和设计用餐的方便性，如同拉开戏剧的大幕一般去设计自助餐餐桌，就会带给顾客良好的用餐感受和惊喜。

11. 收银

收银不是这次服务的结束，而是开启了下一次顾客消费之门。重视收银环节，重视收银的准确性、快捷性，是收银的基本要求。

从另外一个角度来看，一些酒楼的大客户或者频繁用餐的顾客会提出签单的请求，为了留住顾客，很多酒楼就同意了签单。但是结果往往发现事倍功半，经常有顾客对单时刁难酒楼单据不明确，不仅引起纠纷和损失，甚至还有大量的坏账难以收回。这让酒楼很被动，所以在这个环节方面，我们也要重新反思签单的风险和如何加以有效的管理。

首先让我们看一下签单的风险包括哪些，这些风险就是签单的隐性成本，往往被酒楼忽视。首先，签单有机会成本在内。什么是机会成本？就是"鱼和熊掌不可兼得"，当你选择了熊掌的时候，失去的鱼的价值就是你的机会成本；当你同意顾客签单的时候，以为钓着长久顾客这条大鱼而暗自欣喜时，签单不能全部收回的风险以及选择现金付账而提前回收资金用以其他投资的收益就是酒楼的机会成本。这个机会成本要视顾客的信誉度和签单数额而定。其次，当酒楼为管理这些签单而加大管理力度时，又会产生管理成本。财务人员、相关流程、环环相扣的操作都是管理成本。最后，签单还要预防坏账损失。很多酒楼去要账的时候，发现顾客已经人间蒸发，酒楼几万乃至十几万的辛苦钱付之东流。

既然明白了签单有这么多的风险，那么签单是不是就不能做了？要看酒楼如何衡量目前的位置和投资方向。当酒楼面临长期投资时，最好减少签单的数额；当酒楼的资金杠杆效益比较低时，也要减少签单。但是，可能大多数酒楼面临的不是要不要签单的问题，而是如何有效管理签单的问题。那么，就让我们通过案例来看一下成功企业是怎么有效地管理顾客签单的：

L酒楼是一家开业运转6年的酒楼，以中高档顾客为主要市场，顾客结构呈现明显的橄榄形。酒楼有大量的签单顾客，每年的坏账损失占总营业额的6.7%，这是一个惊人的数字。为了减少损失，必须有效地管理签单。L酒楼主要做了五项工作：

1. 首先确定了签单风险责任制。由于各级员工依靠任务完成情况拿奖金，而任务指标中营业额和利润率都是主要指标，所以规定在签单没有收回时一律不计入营业额，而签单收回时计入当月营业额。这样每个员工管理签单的积极性都被调动了起来。

2. 做好顾客的信誉分类。从领位到服务员，从财务核算到吧台收银，这四个岗位紧密相连起来，随时更新顾客的信誉等级。顾客未出现任何签单问题的规定为5A级顾客，当顾客成为3A级时，就取消了顾客的签单权。

3. 签单实行同意权限管理。能否同意顾客签单必须由店经理报经营副总审核才能备案，顾客第一次签单情况必须反馈给备案的市场营销部。当顾客签单时，服务员必须报知前厅经理或者店经理，前厅经理的权限和店经理的权限有所不同，前厅经理只能同意每次300元以下的签单，并且每月不能超过15次，而店经理可以签字认可备案同意最高金额的签单。

4. 建立风险预警机制。市场营销部必须每月更新签单顾客的信息，拜访签单顾客，既了解顾客意见，也要通过所见所闻例如顾客公司的运转情况、办公环境甚至顾客聊天中透露出的信息，来综合评价签单顾客的信誉动态，对签单顾客的权限和资料也及时更新。

5. 加强财务日常操作监控。主要是支票的及时核对，避免支票印鉴不清引起的纠纷或者账上无款。对于第一次打交道的签单顾客通常预估消费金额予以支票倒送。另外对于经理没有签字认可的签单，财务人员有权不予承认，并向上级反映追索。

除了以上的原则外，L酒楼还形成了规范的制度流程，让全体员工学习：

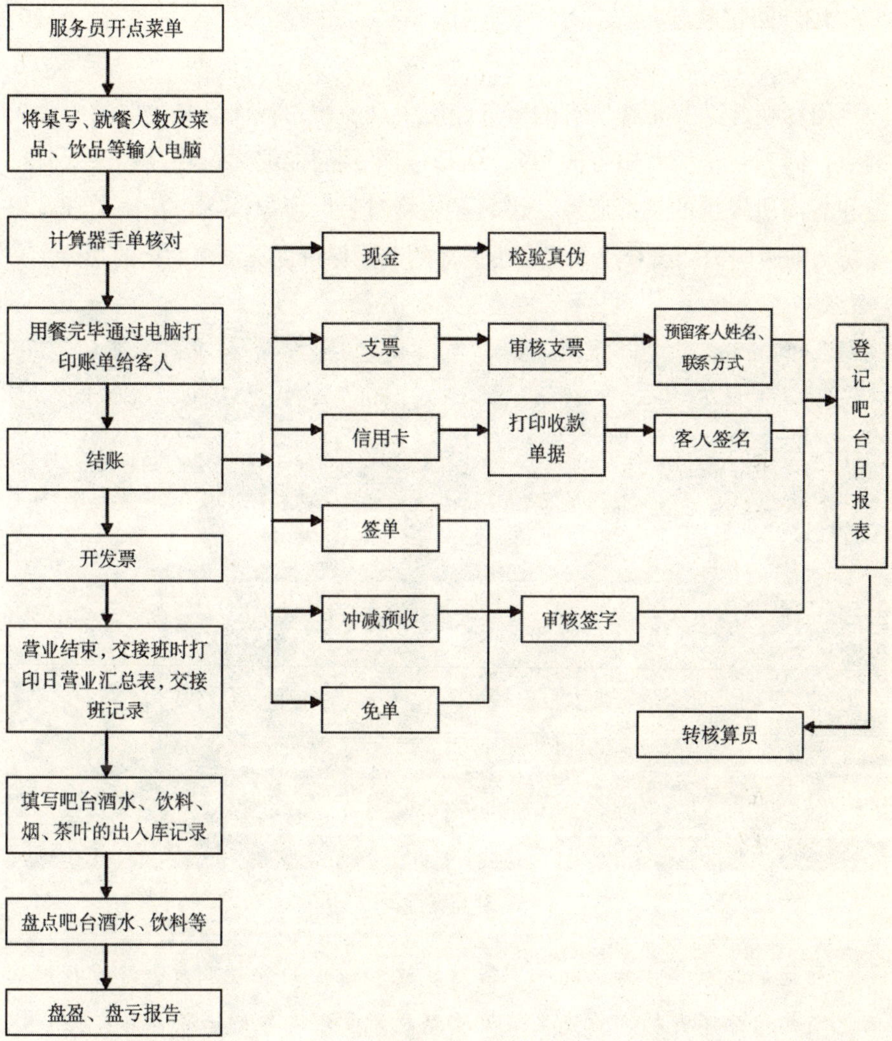

第三章 可测量受控制的服务流程

收银工作流程图

这个收银流程对各种结账方式加以规范，保证了签单风险降至最低。

通过以上管理，签单的损失降到最低，L酒楼终于解决了这一困扰已久的问题。

12. 回忆唤起

回忆唤起其实是在所有的服务经历中最易被忽视而又最重要的一个关键点，因为它是所有服务的指向目标。如果我们能够通过在顾客进入餐厅前和餐间所提供的良好服务，让顾客始终对餐厅印象深刻，从而对顾客保持持久的吸引力和美誉度，将会为餐厅的利润保持立下不可磨灭的功劳。

利苑餐厅

利苑是北京非常知名的一家餐厅。这和他们的管理人员始终重视顾客回忆唤起是分不开的。董先生某天收到利苑管理人员的一条短信："20号，星期四晚上有一条大苏眉，有时间过来品尝，吩咐我留下特别部位。谢谢，利苑马经理。"看到这条短信，董先生心里很舒服，说明利苑的员工不仅记着这位老顾客，而且会为他留下特别的部位，于是他决定把近期一个重要的招待订在利苑。

回忆唤起在整个服务过程中占有很重要的一部分，在服务—利润链中，回忆唤起这种技巧起到了推波助澜的作用。

实际工作中的应用方法

在实际工作过程中，我们通常使用识别检查节点的方式使顾客的消费过程受到督导和控制。在工作方法上，介绍大家使用表现为全过程、涉及到前后环节的督导检查表（见下表）。

_____店督导检查记录表

前厅经理：_____　　　　行政总厨：_____

检查日期：_____　　　　检　查　人：_____

分类	检查项目	一层大厅	二层雅间	总分
餐厅整体感受	1. 餐厅的装饰物是否符合顾客市场定位，花木新鲜无杂物			
	2. 餐厅的出入口无杂物，通畅明亮			
	3. 餐厅地面无明显脚印、无水痕、无污迹、无杂物			
	4. 光线符合顾客要求，明亮而柔和			
	5. 餐厅气温、湿度宜人，空气新鲜无异味			
	6. 无顾客可以直接见到的扫帚、撮箕、拖把			
	7. 无蚊蝇、无蟑螂、无其他飞虫			
	8. 窗台、窗户干净			
	9. 餐厅绿植数量足够、植株形态大方、无黄叶			
	10. 每席位的餐椅整齐、划一			
	11. 餐桌台布无破损、无褶皱、无油斑			
	12. 转盘无指纹，定位准确，转动灵活、不偏斜			
	13. 就餐区域的餐具、台卡干净、无破损			
	14. 每餐位空间均分，摆放统一			

续表

餐厅整体感受	15. 口布无毛边、无污垢，叠好后长短、粗细一致，口布环无破损			
	16. 水瓶垫、防尘垫、地毯无杂屑、完好；水瓶外壳无水斑			
	17. 玻璃杯具光、洁、涩、干			
	18. 灭火器干净、有效			
	19. 接手柜柜门无起翘，开闭灵活，无破碎，把手齐全			
	20. 垃圾桶桶壁清洁，内部垃圾不超过四分之三，无异味			
	21. 员工通道无杂物，保持清洁			
	22. 客用卫生间空气清新、环境整洁，便池无污垢			
	23. 客用梳子干净，护手霜等外壳干净			
	24. 烘手机完好或纸张充分			
	25. 卫生间梳妆台、镜面干净无水痕			
	26. 服务员的仪容仪表符合要求			
	27. 服务员做到微笑服务			
	28. 服务员了解备餐柜内备用餐具标准量			
	29. 服务员随手关灯、关闭水龙头			
	30. 服务员会正确操作餐具消毒柜			
	31. 工作期间同事沟通使用规范语言，态度和蔼			
	32. 员工熟知岗位职责和主要工作程序			
	33. 对于服务，员工清楚质量标准			
	34. 员工清楚菜品外形和感官标准			
	35. 公司新的信息和标准传达及时			
酒吧区域	36. 扎啤机、搅拌机、碎冰机、榨汁机、咖啡机等完好、无灰尘、无水斑			
	37. 玻璃用具保持光、洁、涩、干			
	38. 柜台垫布洁白、整齐			
	39. 工作区域干净、整洁			
	40. 地面整洁、无水痕、无污迹、无杂物			
	41. 所用原材料无变质，保证质量和新鲜			
	42. 吧员熟知酒水每日存量并及时补充			
	43. 吧员仪容仪表符合要求			
	44. 外摆酒水牌干净、正确、醒目			
	45. 酒水账账实相符，记录及时			

续表

领位与收银	46. 领位区域的等位椅整齐干净			
	47. 报纸有实效性，杂志无破损			
	48. 订餐台标示明确，整洁专业			
	49. 领位员、业务员、收银员的仪容仪表符合要求，衣服无褶皱			
	50. 等位卡干净			
	51. 领位熟知当日订位情况			
	52. 订餐本记录完整，分类明确			
	53. 顾客档案及时补充，员工熟悉顾客的档案			
	54. 台卡新菜和断档、促销信息及时更新			
	55. 营业存款及时上交			
中餐服务	56. 服务员对于顾客要求反应敏锐			
	57. 点菜时与客人距离合适			
	58. 点菜时有效推销			
	59. 点菜单记录菜品正确			
	60. 使用系统熟练和迅速			
	61. 酒水及时上桌，高档酒水服务规范			
	62. 水吧出品符合标准，果汁均匀			
	63. 海鲜展示灵活，符合标准			
	64. 海鲜分量在点菜单上记录准确，顾客明了			
	65. 服务员熟知菜品原料、酒水相关知识			
	66. 菜品上菜顺序合适			
	67. 顾客点菜特殊要求得以准确满足			
	68. 台面及时清理杂物			
	69. 及时撤换骨碟（做好食品确认）			
	70. 服务员走动服务到位			
	71. 分菜及时、规范			
	72. 餐盒和纸袋准备齐全，打包迅速			
	73. 送客真诚、面带微笑，提醒顾客物品带好			
	74. 收尾工作迅速有序，翻台及时			
	75. 天花板、墙壁无脱落，干净无油污			
	76. 地面无过多水迹，无过多杂物			

续表

	77. 洗手和手部消毒措施应用有效			
	78. 紫外线消毒灯使用及记录合理			
	79. 冷冻和冷藏冰箱温度符合要求			
	80. 厨房地沟无杂物、无异味、防鼠网完好			
	81. 厨房垃圾桶加盖，桶壁干净			
	82. 厨房没有摆放产生二次污染的清洁用具			
	83. 砧板无毛茬，消毒方法正确且频率符合标准			
	84. 擦厨具和擦灶台、案板的抹布分开使用			
	85. 各种周转箱、收纳盒干净、有盖			
	86. 原材料无变质，保证质量和新鲜			
	87. 菜架干净、整齐，分类摆放			
厨房设施设备及卫生管理	88. 砧板分类使用（海鲜、禽肉、蔬菜）			
	89. 原材料清洗分开（海鲜、禽肉、蔬菜）			
	90. 烟罩无油污，吸力符合要求			
	91. 蒸箱完好，蒸汽达到食品制作要求			
	92. 厨师制服干净、配套、扣子扣好			
	93. 厨师发型合适，指甲清洁、修剪合适			
	94. 不得靠灶台站立，工作期间状态专业			
	95. 配菜准确，照顾到多单配菜的时间调整			
	96. 调料节约，做好调料缸的及时清洁			
	97. 及时估清并及时传递信息			
	98. 灭火毯干净、有效			
	99. 冰箱内外部干净，内部分类存放			
	100. 冷荤间垃圾桶加盖，桶壁干净			
	101. 各种加工用具、刀盒、冰铲盒干净			
	102. 冷荤间的二次更衣间双层门随时关闭			
	103. 冷荤间做到二次更衣			
	104. 冷荤间温度在25℃以下			
	105. 各种盘饰消毒			
	106. 冷荤间各种周转箱、收纳盒干净、有盖			
	107. 原材料无变质，保证质量和新鲜			
	108. 菜库地面上无直接放置的原料			
	109. 菜库应码放整齐，做到先进先出			
	110. 海鲜缸清洁，水中无杂物、无异味			

第三章 可测量受控制的服务流程

续表

洗碗间	111. 洗碗间储物柜干净整齐			
	112. 洗碗间地面无过多水迹，无过多杂物			
	113. 餐具洗涤一冲、二洗、三消、四清			
	114. 餐具双消毒设备完善			
	115. 洗碗间人员能够准确说出标准消毒程序			
厨房作业	116. 菜品制作时间符合顾客正常期望			
	117. 米饭的软硬适中，温度足够			
	118. 菜品色泽正常			
	119. 菜品分量符合标准			
	120. 边角余料充分利用			
	121. 配菜分量标准			
	122. 前厅、后厨对菜品信息的沟通有效			
	123. 夜市人员应能快速、准确地烹制顾客所点菜品			
	124. 值班时收尾工作有序、有效			
保卫安全	125. 保安形象专业			
	126. 车辆指挥及时，指引手势正确			
	127. 保安对客交流保持礼貌，做到"礼仪保安"			
	128. 员工熟知灭火器的使用知识			
	129. 灭火器干净有效			
	130. 保证各出口的保卫安全			
采购与存储	131. 各种采购单据及时签字确认			
	132. 货品账目记录准确、账实相符			
	133. 库房摆放合理			
	134. 抽检散装货账实相符			
	135. 货品标签和进货时间规范			
	136. 库房账目记录及时准确			
	137. 供应商台账完整			
财务部	138. 电脑系统干净，问题及时报修			
	139. 熟悉支票、信用卡、签单的结账流程			
	140. 财务室干净、整洁、安全			
日常管理	141. 培训计划认真执行			
	142. 员工休假条按正确程序操作			
	143. 各管理人员工作日记规范			
	144. 日常记录上有部门主管的签字			

宿舍管理	145. 地面卫生干净			
	146. 床铺整齐规范			
	147. 床单、被罩、枕罩干净			
	148. 床上私人物品摆放整齐			
	149. 墙壁无过多私人装饰			
	150. 脸盆、鞋类摆放整齐			
	151. 安全用电			

督导项目：　　项　　扣　除：　　分　　总　分：　　分　　指　数：

驻店总经理签字：_____

注：1. 优异＝5分；超出期望＝4分；达到期望＝3分；待提高＝2分；不满意＝1分；

2. 采用观察式检查方式。

通过上面的表格，实际上是把全过程经历结合全面管理过程节点化，让关键时点受控。

餐中服务的11个关键点

接下来，我们把餐饮服务本身这个节点放大，从这个小节点中再找出11个关键节点，从而更为细致的分析服务。

1. 领位服务

领位对任何一位到来的客人都要表示出欢迎，并安排、帮助客人落座在客人喜欢或认可的座位上。对等待中的客人要给予适当的安抚。

这需要领位人员把生活的经验融入到工作中去。

香港东方文华酒店的老马是一位年过六旬的"老"服务员了。但是却是酒店不可或缺的一名员工,因为很多顾客都十分欣赏他的服务。他慈祥的笑容和对顾客需求的敏锐观察力,为他的服务增添了无穷的魅力。一次,一位女士经过大门,一阵微风吹来,下意识地合起双臂收了一下肩膀。结果她入座不到三分钟,老马已经轻轻地走到她的后面,为她披上了一条柔软的披肩。让客人在感动之余,也被老马的观察力所折服。

香港东方文华的领位员

在中国内地,餐厅更喜欢用年轻漂亮的女孩子担当领位人员,这本是一件好事,但是在培训的过程中,一定要注意的就是,漂亮的领位人员不是以她自己为中心的,而是一切以顾客为中心,敏锐地发现顾客的需求,安抚等位之中的顾客。

2. 服务员快速、适当地提供餐前服务

餐前服务不仅仅意味着快速,更重要的是适当。当几位不常见面的老朋友正在高声畅谈的时候,我们按照服务流程前去询问客人需要什么酒水,然后为客人上小毛巾,之后又给客人介绍特色菜品,就不是为顾客服务,而是打扰了我们尊贵的客人。

3. 帮助客人确认所需要的饮品、食品内容

随着菜品的制作工艺越来越纷繁,仅仅通过菜名,我们已经很难完全清楚地表述菜品的内容,这样一来,客人的理解和餐厅的理解就难免出现

差异。在这种情况下,如果我们还是按照原来的操作流程,仅仅是重复菜名,就很容易让顾客产生误会,从而对我们的服务表示不满。

4. 在3分钟内为客人准确地提供酒水服务

在客人没有其他要求的前提下,应该在3分钟内为顾客准确地提供酒水服务。在葡萄酒越来越被国人接受和喜爱的今天,我们应该认真地研究葡萄酒和中餐的搭配,不能仅仅停留在红酒配红肉、白酒配白肉的肤浅理解上。

大董开创了中餐与葡萄酒、香槟丰富搭配的先河

大董在2008年11月举行了生蚝和博若莱新酿红酒的联合促销活动。这两种产品成为美食和美酒的绝妙搭配。用佳美葡萄酿制的博若莱新酿每年11月第三个星期在全球限量上市,2008年的博若莱新酿在2008年11月15日登陆北京,成为大董品牌带给顾客的又一惊喜。博若莱新酿浓郁的鹅莓果、覆盆子和红醋栗的芳香,遭遇大董精选加拿大生蚝难以形容的鲜甜滑美,成就真正的美食老饕一次可遇而不可求的美食经历。至今这一大胆搭配仍为很多顾客津津乐道。

5. 按正确流程提供食品服务

餐饮服务本身的规格体现在"重仪"、"重等"上,在中国尤为重要。服务本身没有差别,是因为我们通过一定的流程、一定的仪式、一定的级别方法使它分出高下。其中,食品的上撤顺序尤为重要。一般来说,我们主张的顺序为凉菜、汤、主菜、大菜、蔬菜、点心、主食、甜品。在中国，在餐前提供茶水，餐后提供水果。我个人倒是觉得可以提示顾客餐前减少饮茶量。餐前饮茶，对于胃液冲淡较多，不利于人体消化食物，所以，也有的餐厅经过研究，将流程改为了"餐前水果饭后茶"。不管怎么说，这是一种对食品提供流程的关注与重视。

6. 餐中服务

提供餐中服务时，服务员要表现出随时为客人提供帮助。我还记得自己在早期的培训过程当中，培训服务员的标准站姿——"两脚自然分开或成45°丁字步，双手自然下垂，面带微笑，目视前方……"有错吗？似乎没有，所有的教科书上都是这么说的。可是实际运用中就会出问题。初做服务员没有那么高的灵活性，

专家视点

任何动作、行为如果不能表现出随时服务性，那么就是僵化的、失败的。

而有素质的客人绝不会高声叫嚷"服务员"，只是以眼光探寻服务员的目光，然后示意需要服务，可是没有服务员及时注意到顾客的需求，为什么？都在"目视前方"呢。所以，有的顾客半开玩笑地说："你们的服务员是会微笑的柱子。"在这里，我们强调，任何动作、行为如果不能表现出随时服务性，那么就是僵化的、失败的。我们在做一切事情的时候，都要随时的为顾客提供帮助。

7. 客人催菜的处理

我们要高度关注客人催菜的处理。对于中餐行业，我们提倡慢餐，但是也要有一个合理的等待时间。这需要服务人员和管理人员密切注意每一份订单。也要设计能够对订单的操作时间进行控制的架构，比如对打荷王或传菜划单员的细化管理。

还有一种情况就是配菜员出了问题。我监控过几家企业的厨房，曾经

在配菜员的身上发现了一个共性的问题：订单道数多的先配菜。问他为什么这样做？他的回答也很有道理的样子：道数多，不能让客人一直等着，先配好了，一道一道的出去，能够保证上菜时间。这样的说法对不对呢？我们在这里，要先插着讲一下时间的问题。如果你上菜速度很快，那就没有问题；如果是需要等待，那就要认真的研究一下"等候原则"。

等候原则

1. 空闲等候比有事做的等候感觉时间长
2. 没进入程序的等待比进入程序的等待感觉时间长
3. 有疑惑的等待感觉时间长
4. 没有时间范围的等待比预先知道的、明确时间的等待感觉时间长
5. 没有解释的等待比有解释的等待感觉时间长
6. 不合理的等待比合理的等待感觉时间长
7. 越有价值的服务，客人等待的时间越长
8. 单独等候比集体等候感觉时间长

等候的这八条原则，是时间科学的一种诠释。第一条告诉我们，人在无聊的时候，会觉得时间过得很慢。这很好理解。可是为什么这么好理解的原则，在配菜的时候就出问题了呢？究其原因，根本还是在于服务人员没有把"顾客意识"深深地扎根在脑子里。

从"顾客意识"的角度出发，哪怕是作为后线人员的配菜员，也要思索，如果是道数多的订单，一般都是就餐人数较多，大家在等候的时候彼此聊天、联络感情，时间过得飞快，哪还担心菜有没有上桌？相反倒是那些只有一两位的客人，形单影只或是准备餐后回去上班，一直盼望菜品快点上来。所以，我们既然接受了订单，就要做到顾客满意，还是先配道数少的订单吧。

8. 要及时确认客人的满意度

客人是否满意,不能仅仅依靠服务员自己的判断。要知道,对服务的不满,客人往往是不愿意说出来的。

想想这些统计结果

- 当顾客心中有抱怨时:
    - 4%   会告诉你
    - 96% 默默离去
    - 其中,90% 不再光顾

- 顾客为何不上门
    - 3%   搬家
    - 5%   和其他同业有交情
    - 9%   价钱过高
    - 14% 产品品质不佳
    - 68% 服务不周

- 恶名昭彰
    - 一位不满的顾客平均会将他的抱怨转告8~12人
    - 其中有20%还会转告20人之多
    - 当你留给他一个负面印象后,往往还得有12个正面印象才能弥补

- 化抱怨为玉帛?
    - 将顾客抱怨、不满妥善处理,70%顾客会再度光临
    - 当场圆满解决,95%会再光临
    - 平均而言,当一个顾客的抱怨被圆满处理后,他会将满意的情形转告5人

- 你能"喜新厌旧"?
    - 你吸引一位新顾客的力量,平均是保有一位老顾客的6倍

所以,对于我们来说,及时确认顾客的满意程度是必须遵守的一个服务流程。

当然,还可防范下面这种情形,请看如下的例子:

小张在一家淮扬菜馆上班,工作了两个月,基本没有遇到什么刁难的客人。这天,一桌看起来很和善的客人点了店里的招牌菜"黑椒生炒甲鱼",

这道菜一改传统甲鱼的做法，使用了切块炒的方法，又融入了黑椒浓烈的辛香，是广大顾客非常喜欢的一道菜。可是今天的客人有点不同，提出不要黑椒，因为不喜欢黑椒的味道。小张经过询问厨房，答应了客人的要求。

菜上桌了，客人们吃得很高兴。小张按照惯例当骨碟超过三分之二的容量时，为顾客更换了骨碟。等客人吃完了，提出投诉：生炒甲鱼里面没有甲鱼，饭店是欺骗顾客。小张觉得头一下就大了，怎么可能呢？可是客人大吵大闹，让小张把证据拿出来。骨碟已经更换过两次了，小张没有办法，只好赶快向经理汇报了事情经过。经理最后只好给客人免了单，并且批评了小张。小张感到很委屈：我到底错在哪了呢？

小张到底错在哪了呢？最主要的问题就是没有及时确认顾客的满意度。如果在客人就餐的过程中，小张问一句："几位贵宾，今天的甲鱼味道如何？"客人们有了反馈信息，这样的问题就会最大限度的减少。

9. 餐中、餐后的有效销售

很多服务人员不愿意推销，因为他们或多或少的认为，推销是一种不好的行为。这个观念是非常错误的。客人到餐厅用餐，方方面面都需要帮助，尤其是菜式的选择。每一名服务人员都要展现服务专家的风采，为顾客提供好的建议。推销是建议的一个副产品。

笔者在萃华楼吃饭，作为一所京城的老字号餐厅，萃华楼在服务程序改进上没少花心思。萃华楼经营的是传统鲁菜风味，鲁菜比较油腻，很多客人吃不了几个菜就放下了筷子，而回到家后又感到没吃饱。怎么解决这个问题呢？萃华楼的当家人伊燕总经理首先让厨师们创制出了改良版的点心"雪梅娘"，这种点心凉爽宜人，在顾客吃了几道菜后，就会有服务员笑意盈盈地问客人："您好，先生，是否尝一下我们的新点心'雪梅娘'，味道和您今天的菜很搭配。"大部分的客人都欣然接受，吃完"雪梅娘"后，嘴里一清，食欲重振，对后面的菜品大为赞赏。如此一来，不仅增加了营业额，

第三章 可测量受控的服务流程

还为顾客创造了良好的消费体验。

10. 对客人的付账表示感谢

对顾客的消费，我们应该表达出发自内心的感谢。但是很多餐厅越来越把这一点做成了"形式主义"。对顾客因为信赖而选择我们的餐厅用餐，这种感激之情要内化于心、外显于行。

海底捞为什么那么红火？还被评为2008年度美食风暴十佳连锁餐厅之一？同样是火锅，取胜的不仅仅是锅底味道，还包括发自内心的感谢以及由此延伸出的超值服务。去海底捞，门口有专人"引客"，等位提供"免费"茶水、美甲、擦鞋服务，落座后送上"绑头用的皮筋、围裙、手机套、热毛巾"……让人"充分体会到上帝的感觉"。

在海底捞还有很多这样的例子：

顾客小张说："前阵子和朋友去吃饭，朋友老公说：'祝老马一路顺风，路途愉快。'过了一会，服务员端了个果盘上来说：'姐，听说您要出远门，这是我们店送您的果盘，祝您一路顺风。'……哎呀，虽然是一盘小小的果盘，但是让我们心里很舒服。"

11. 送别客人，并表示出欢迎客人再次光顾

我们举个大家经常见到的例子：

小李在某餐厅吃完晚餐，本来心满意足，因为菜品味道鲜美，服务员的微笑也很甜美，但是付过账后走出餐厅，小李却显得有些沮丧，明明离开时领位员还微笑着说"感谢您的光顾，欢迎再次光临"，可是小李却怎么也提不起精神。到底怎么回事？原来领位员一边说着感谢语，一边却连小李看也不看，紧接着忙着招呼下一位客人，小李心想：要知道，肢体语言才是最真实的啊。

相比中国,日本的餐厅这方面就做得非常好。我发现日本的酒店食肆不论大小,当客人离开时,都能深鞠躬送别客人离开,有次直到我上车很久,回头仍能看到服务员在门外招手送别,心中的感动可想而知。

餐厅接待工作中额外需要关注的几类顾客

餐厅接待遇到的顾客纷繁复杂,对于老人、儿童、残疾顾客、左手用餐的顾客、生病的顾客,我们都需要倾注额外的心力。下面我给出接待这几类顾客的程序与标准表,供大家参考借鉴。

为老年客人服务的程序与标准

程　序	标　准
领　位	1. 当老年人来就餐时,服务员应主动上前搀扶客人并将客人安排在靠边的位置,不要安排在过道位置,有拐杖的要放好,以免绊倒他人。
点　菜	2. 要主动为客人介绍一些较嫩、有营养、不辛辣的食品供他们参考,并问清他们的口味。
餐中服务	3. 为客人斟倒各种饮料时不要太满,对他们的特殊要求和服务,服务员应耐心帮助解决。 4. 尽量避免从老人身旁上菜,上菜时说明此菜的营养价值和特点等。 5. 注意提醒老人走路时防止地滑,上下楼梯不要踩空,以防摔倒。
餐　毕	6. 就餐完毕时应主动拉椅并且扶客人上车。

第三章 可测量受控的服务流程

为儿童服务的程序与标准

程　序	标　准
安排座椅	1. 当客人带儿童用餐时，服务员主动及时地为客人提供儿童用餐所必需的服务，减少客人麻烦。 2. 当客人带小孩出现时，领位员主动询问客人是否需要儿童椅，得到认可后，及时通知服务员立即准备。 3. 服务员备好儿童椅后，请客人将儿童抱到椅子上，并放好儿童椅上的挡板，注意尽量不要将儿童安排在过道的座位上。
摆放餐具	4. 按照儿童年龄大小摆放餐具，5岁以下儿童，只摆放一个餐盘、一个瓷勺。
推荐适合儿童的食品和饮品	5. 当客人点饮料时，主动向客人推荐适合儿童口味的软饮料，并为儿童准备吸管。 6. 客人点菜时，主动向客人推荐一些适合儿童口味的菜肴或小点心。
为儿童提供特殊服务	7. 为客人分汤时，为儿童准备一小汤碗，放在儿童母亲右侧。 8. 如果儿童在过道上玩耍或者打闹时，要向其父母建议让他们坐在桌边以免发生意外。 9. 当儿童用餐完毕后，客人仍在谈话而未照顾儿童时，可由一名女服务员征得客人同意后，把儿童带到安全区域，让他看儿童图书，以免影响客人谈话。 10. 餐厅经理可适当地为来就餐的儿童准备一些小点心、小礼品、纸和笔，在小孩玩耍影响客人就餐时，送给儿童，以稳定儿童情绪。 11. 当客人准备离开餐厅时，服务员在征得客人同意后，将儿童从儿童椅上抱下交给儿童的母亲。

为残疾客人服务的程序与标准

程　序	标　准
征求意见	1. 当残疾客人就餐时，服务员应主动征求其他客人意见，得到同意后方可上前搀扶客人，并将客人安排在靠边的餐位上。尽量不要安排在过道上，有拐杖的要放好，以免绊倒他人。

续表

程　序	标　准
提供特殊、 优质服务	2. 对残疾客人应给予更多的照顾，但要适当，不要过分的关照，以免引起客人的不愉快；要小心地移开桌上的用品；帮助选择菜肴，上菜或上饮料时，要注意委婉提示。 3. 对耳聋的客人要用手示意，上菜上饮料时要用手轻轻指示上菜的位置。 4. 对残疾人的就餐要理解他们的不便，不要对他们进行嘲笑，要小心且恰当谨慎地帮助他们。

为左手用餐的客人服务的程序与标准

程　序	标　准
安排座位	1. 服务员了解到客人左手用餐时，应关照客人就座位置。如是方桌，请客人坐在左边没有客人的位置上，如是圆桌，尽量使客人左侧半米内无客人落座。
摆放餐具	2. 服务员托盘站在客人右侧，将客人餐盘右侧的筷子、筷架、毛巾筐撤在托盘上，然后转站在客人左侧，用右手托托盘，左手将筷子、筷架、毛巾筐，摆放在客人餐盘的左侧。
为左手用餐的客人服务	3. 为客人服务饮料时，将饮料放在客人左手易拿到的位置，即放在筷架的正前方，用右手托托盘，左手拿饮料，站立于客人左侧为客人服务饮料。 4. 为客人服务食品及小吃时，将食品从客人左侧用左手放在餐盘上，将小吃放在客人的左侧。

为生病的客人服务的程序与标准

程　序	标　准
了解情况	1. 当客人来到餐厅后，告诉服务员，客人生病需要特殊食品时，服务员需礼貌地问清客人哪里不舒服，需要何种特殊服务，并尽量满足客人的要求。 2. 如客人表现出身体不适，而没有告诉服务员时，服务员需主动询问客人，以便帮助客人。

续表

安排座位	3. 领位员将生病的客人安排在餐厅门口的位置上，以便客人离开餐厅或去洗手间，但应该向客人说明。 4. 如客人头痛或心脏不好，为客人安排相对安静的座位。
为生病的客人服务	5. 积极向客人推荐可口饭菜，同厨房配合，为客人提供稀饭、面条一类的食品。 6. 如客人需要就医，向客人介绍附近就医场所。 7. 为客人提供白开水，以方便客人服药。
为突发病客人服务	8. 如遇突发病客人，服务员须保持冷静，餐厅经理在有必要的情况下，立即通知总经理，同时照顾病人坐在沙发上休息，如客人已休克，则不允许轻易搬动客人。 9. 协助其亲属送客人离开餐厅，去医院就医。

请您思考

1. 服务的前线和后线，都对应哪些模块？这些模块彼此之间是如何互相影响的？

2. 在就餐服务过程中，我们应该注意哪些关键点？在您的餐厅可以怎样进行提升？

第四章
全方位地理解顾客满意

  顾客的成功就是我们的成功,我们应当竭尽全力确保顾客百分百满意,帮助顾客取得成功。

——金蝶公司总裁徐少春

"顾客满意"一直是餐饮服务行业的追求，这个信念将永不会过时，并且要不断更新理念，达到全方位的理解"顾客满意"。

我们的总体原则是——持续的以顾客为关注焦点，基于事实进行决策。这就要求我们首先关注产品（菜品、服务、特色、营销等），同时不断地向关注顾客进行转变和提升。

一

菜品创新

菜品创新是餐饮界恒久不变的主题。但是菜品创新快，顾客需求变化更快，逼得菜品开发进入了死胡同：一时间，皇室佳肴遍地开花，历史名人也个个变成了烹饪大师，文化名著已经一本本的吃开去，菜品也顾不得正宗与否，真可称为"南菜北味大杂烩，调料多多一锅端"。

菜品创新是要付出心智劳动的，试图不花费时间、不经过努力、不反复试制、不承担风险的开发新菜，无异于天上掉馅饼般的臆想。作为经营体，酒楼新菜的开发要着重于将菜品和顾客的需求结合起来，要出顾客需要的新菜，而不是割裂地看待菜品，认为只要不断出新菜就一定受顾客喜欢。所以，菜品的创新完全可以说是一项系统工程，这个系统推进的一般进程是：**了解顾客需求→提炼、升华顾客需求的深层次精髓→创造更高需求→打破厨政人员思维定式→选择相配合的食材→菜品试制→菜品试卖→改进、定型、推出**。因此，了解顾客需求趋势决定了菜品创新的主要方向。

根据近期国民经济发展的水平，参照发达国家以往的食品演进过程，我认为菜品创新可以按照如下几大方向进行：

1. 开发便于演示操作的菜品

菜品的档次不仅仅体现在食材上，更重要的体现于"食礼"。什么是礼？礼就是规格，食品上菜时的规格。

白天鹅宾馆的烤乳猪为什么让顾客食指大动？食品原材料也不见得特别名贵，味道也不见得就是龙脑凤炙般神妙，主要还是因为上烤乳猪前，先有一个服务员举着木菜牌绕餐厅一周，这一排场就让点烤乳猪的顾客深感荣耀，接着鸣锣三声，在餐车上烤好的乳猪缓缓地被服务员推到餐桌近前，两个眼睛里插着通着电的灯泡，穿着浆洗的洁白笔挺制服的大厨为尊贵的宾客利落地片着猪肉，这猪肉还没有吃到嘴里，顾客就已经飘飘然了。所以，增加菜品的堂制演示有利于菜品的档次提升和销售。

上海翡翠 36 餐厅有一道"自助椰子面"也是笔者十分喜欢的。他们运用了分子美食的技法，将椰子浆装在注射器样的容器内，由服务经理当着客人的面注入到玻璃盖碗的汤汁内，随之凝结成面条。客人拍手称奇，带着好奇开始品尝，吃后都会赞不绝口。

翡翠 36 的自助椰子面

2. 成系列的设计新菜品

这包括三层意思：一是菜品被赋予更多的制作方法，二是进行具有同一功能的系列菜品的开发，三是开发同一类菜品的不同具体分支风味。当然，总体上来说仍然是针对酒楼不同目标顾客市场的消费需求而进行。

七彩云南菌菜系列·火烤松茸　　　　七彩云南菌菜系列·云南松露

　　山西太原市有家老字号就是太原面食馆，在太原餐饮竞争惨烈的市场环境中生存有道，就是"不怕千招狠，自有一招毒"，其实就是集中有限资源凸现自身优势。山西是面食的故乡，太原面食馆就苦心钻研做面的方式，成功创制出了"面宴"，顾客觉得新奇，点好了一看：菜品是面，主食是面；炸的是面，煮的是面；甜的是面，辣的是面；搓的是面，拉的是面。一席面宴，108道菜品各个形状不同，道道色味俱佳，直把顾客吃得以手捧腹却又意犹未尽。

　　上海锦江集团是全国最大的酒店集团，旗下的新品牌"锦江之星"经济型宾馆短短两年在大江南北就声名显赫，这其中，"锦江大厨"这个餐饮品牌对推动扩张功不可没，而且"锦江大厨"餐厅本身2004年度的营业额已突破8600万，比2003年增长了25.57%。锦江大厨的一个秘诀就是研究系列菜。他们研制的"营养罐"系列不断出新：或者是霸王别姬，或者是山珍鲜菌；虽然是迷你型，但是造型、用料和味道绝不取巧。"营养罐"用的是仿哥窑冰裂纹青绿釉色瓷罐，以霸王别姬为例，选料为一整只童子甲鱼，三块草鸡，再加上几块牛蒡、山药，点缀几颗红色诱人的枸杞，真的是汤鲜味美，而且每罐仅售10元，真的是做到了物美价廉。

　　北京喜来登长城饭店也是菜品创新的高手。在2004年11月和12月，长城饭店法餐厅推出了"环游法国60天"的新菜促销活动，不仅让顾客联想起儒勒·凡尔纳《环游地球80天》的精彩，还有法国巴黎的浪漫，这

60天的时间由酒店大厨斯特凡为顾客带来了法国各个省的经典美食,让顾客享受到了纯正而又风味各异的法式大餐。

3. 地区美食的探索和开发

地区美食的发掘离不开对深层结构的精神文化的探求。俗话说得好:"一方水土养一方人。"一个地区的文化特点必然在该地区的饮食上留下深刻烙印,也必然会反映在该地区的文化上,当然可能通过文化的某个代表因素作为显示形式,如一个文化名人,一个著名的手工艺品等等。发掘地方美食就是要始终以深层的精神文化为开发依据,来显示菜品的价值和魅力。享誉北京的眉州东坡酒楼做的是眉州菜,什么是眉州菜?眉州菜和其他川菜有什么不同?顾客带着这样的疑问进入酒楼,结果被眉州菜的多种味型、造型美观、香味扑鼻、盛器雅致所吸引,而且还知道了眉州是大文豪苏东坡的故乡,苏东坡的风骨、苏东坡的才情、苏东坡的养生之道在眉州东坡酒楼得到了很好的体现,这也成为眉州东坡酒楼迅速崛起的秘诀之一。

眉州东坡发掘的传统川菜经典:鸡豆花

眉州东坡桃花酱肉

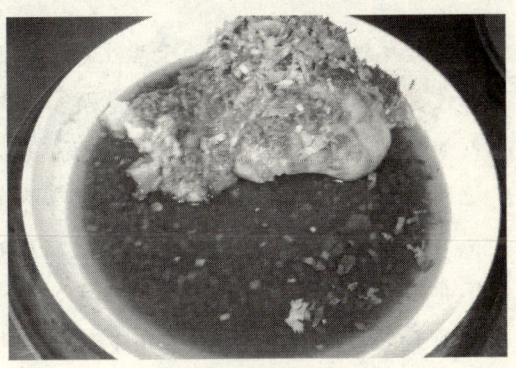
眉州东坡东坡肘子

4. 开发绿色新食材类菜品

创建和谐社会倡导人与社会、人与自然的和谐发展，促发了绿色浪潮的兴起。对于新菜开发来说，主要体现在绿色餐饮上。所谓绿色，不是专指绿色蔬菜，而是包括蔬菜或者禽肉动物，从生长、收获或者宰杀、制作的全过程"绿色"，包括种植或者生长的土壤不能遭到污染，生长过程中不使用化肥、农药、饲料添加剂，蔬菜的收获、禽肉类动物的宰杀和运输过程受到严密的监控，在酒楼制作时尽量减少营养成分的流失等，而且也不专指食品主料，调味品、油脂等等也在绿色食品的范畴之内。例如绿色生长经过排酸处理的猪肉，挪威深海的未经污染的三文鱼，希腊天然压榨的橄榄油，都可以成为酒楼开发新菜的最好材料。

大董橄榄油拌香草雪柚

大董橄榄油上蒋小嫩豆

黑龙江省佳木斯市的千里生态园生意兴隆，许多顾客远途驱车前往一品佳肴，因为千里生态园有很多顾客不仅没见过而且没听说过的新奇蔬菜，例如美国速生、抱子甘蓝、芽球菊苣、香炉瓜、球茎茴香等，既健康又美味。近两年在气候炎热的深圳流行的吃羊肉的原因也在于此。以蒙兴羔羊火锅城为例，每天都要迎接成千宾客。该店的羊肉就是锡林郭勒大草原蒙兴自家养殖基地生长的6个月内的羔羊，不含高脂肪，入口嫩滑，而且无膻味吃了不易上火。火锅汤料采用多种中草药精心调配而成，具有味浓而不腻，久涮不淡，具药效而无异味等特点，做到了一炮而红。

5. 不时不食与中西交融

孔子说：不时，不食。意思是不到这个时令不吃这种东西。我们开发菜品，应该运用当季当令的食材，一是有助于降低成本，二是符合食品安全且有助于顾客健康。

而中西交融或菜系融合是个大趋势，因为菜系的产生原本是交通不便造成的，现在时代的发展，已打破交通阻隔，菜品的融合成为不可逆转的潮流。

总之，变化是菜品创新唯一不变的主题，但怎么变得巧妙，怎么变得事半功倍，还是要揣摩顾客心理，按照新、奇、特、系统开发的思想去把新菜的开发落到实处。

眉州东坡发布 2012 年夏季菜品现场

大董老北京炸酱波士顿龙虾面

真知味秋天提供应季的鸡头米菜品

二

服务创新

今天,优质服务的观念已经深入人心。对于餐饮企业,服务就意味着利润,顾客对于酒楼的需求已不再是果腹,酒楼也不再是单纯的出售菜品,而是考虑采取什么方式和手段为顾客呈现酒楼的服务,从而为顾客创造独特的消费体验和感受,来拥有更加强大的市场地位。

美国《商业周刊》的主编路·扬格说得好:"当前被人们忽略的最重要的基本管理原则就是要始终紧密联系顾客,满足他们的需要,预见他们的要求。"顾客的需求被放在了前所未有的战略高度上。但同时我们还要认识到服务创新还有除顾客外的另一个重要的主体——服务员工,因此服务创新首要考虑的应是服务员工的需求。

餐饮行业是劳动密集型行业,工作时间长,劳动强度大,如何让服务员每天下班后不是精疲力竭地逃离工作场所,视酒楼为监狱?我们追求的是服务员和顾客的双赢。这种双赢就是服务员热爱自己的工作,而顾客喜欢他所提供的服务。服务工作应该体现一种积极的生活哲学,它应该让生活更丰富,而不是让生活和工作失去平衡。当今之中餐行业,必须更加关注如何善待员工,不仅仅是薪酬,还有安全保障和精神上的需求。餐饮行业的利润不应该从节约人力成本上体现,保险、员工住宿状况、员工受训和教育成长应该被真正的关注,餐饮业者要明白:你克扣员工的,员工必然会从你的顾客身上求得某种补偿,而因此伤害你的顾客的损失远比你克扣员工得到的更多。

> **特别提示**
>
> 欲做百年基业,必须善待自己的员工。

第四章　全方位地理解顾客满意

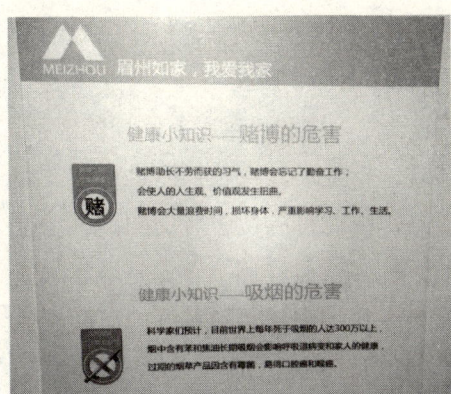

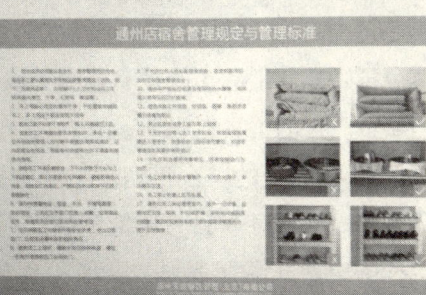

管理有序、温馨整洁的眉州东坡员工宿舍

当然我们也关注服务创新所面对的另一个主体——顾客。下面我结合餐饮业的一些成功实践，阐述对客服务技能的具体创新。

首先，应该提倡的是"**美食顾问**"的设立，这和点菜师有本质的区别。点菜师是一种站在企业单方面的行为体现，希望通过点菜师而进行有效的推销，从而给企业带来更高的效益。但是，由此可能伤害我们的顾客。设立"美食顾问"是体现双赢思想的一种事物，"美食顾问"首先是顾客的饮食顾问，他最重要的工作是让我们的顾客用餐满意并得到很好的照顾。他不仅负责根据顾客的意见或者对顾客需求的判断迅速编制一份合理的菜单，而且通过饮食照顾到顾客的健康，并且以庞博的知识令顾客得到精神享受。这是变推销为吸引销售的一种良好形式，也即让销售由推动变为拉动。

> **专家视点**
>
> 服务技能只是服务的终端，而服务的本原是满足顾客的某种需求。

其次，我们提倡**功能性服务**。功能性服务就是以满足顾客的某项功能为主要内容的服务。也即服务形式不是单纯的关注技能，技能只是服务的终端，是一种表现形式，我们必须回归服务的本原，即满足顾客的某种需求。我们以婚宴为例，不仅仅要追求婚宴的具体摆台形式、婚宴的菜品组合，更重要的是如何为顾客分担婚宴的忙乱和使婚宴更加上档次、组织更加缜密、礼节更加周到。沈阳城市酒楼的婚宴在当地赫赫有名，因为它不仅提供从580元的"佳偶天成"筵席到1180元的"百年姻缘"筵席等六档规格不同的筵席，还为顾客提供更多的婚宴服务项目，包括：酒楼标志的利市红包、请柬、蛋糕、香槟塔、全程的中西式婚礼策划、豪华礼宾车队等等，还为周年婚宴顾客提供结婚周年礼物馈赠，这样为顾客分担了很多具体琐碎的事项，又把婚宴办得风风光光，深受顾客的喜爱。

再次，我们提倡**高成熟度的服务**。大家知道，人的成熟度分为三个层次：依赖、独立和互赖。服务行业的名言——顾客就是上帝，其实是低成熟度的表现。当我们的员工成长为专业的服务专家时，就完成了独立阶段的进步。而互赖的状态是顾客成为服务员的特殊的工作伙伴，顾客在酒楼能够真正享受到心灵的休憩，而不是依然带着身份的假面。所以我们提倡给顾客以独立的空间。北京的金谷仓,是做私家菜的著名餐馆,也是京城最"牛"的餐馆。为什么这样说?它的饭菜是套餐,100元一位,不是你想吃什么,而是看厨师今天提供什么,你就吃什么。但是顾客却很喜欢金谷仓,为什么?因为它提供的是私密的空间。顾客在金谷仓吃饭,菜上齐了就看不到服务员了,顾客可以尽情说话,也可以尽情发呆,顾客就是酒楼的主人,没有服务员打搅你。但是只要你有需要,轻轻按一下桌子下面的按钮,服务员就会立刻出现在你的面前为你服务。这就是服务到位。享誉徐州的亚华绿色生态园景观酒店,不仅提供风味新鲜的佳肴,更重要的是通过服务使酒楼成为了人生旅途的"生活驿站",使客人享受到了人与自然的和谐美。

最后,我们提倡**全过程经历的交互式服务**。就是使你的服务更有针对性,把你的顾客从一个特定团体中区分出来,当然体现这种服务的可以是方式方法,也可以是设施设备。著名的山东济南的静雅餐厅,就充分体现了交互式服务的真谛。从保安到结账离开均有很多闪光点:保安员发现客人乘车到来,立即跑步上前迎接,拉车门动作专业、到位,笑容可掬,问候和表示欢迎得体、适度;迎宾员(着领班服)同时从大厅内快步走出迎接客人。如果保安员发现客人乘坐的是出租车,会在订餐卡上写明出租车牌号,提醒客人若落下了物品,可按号寻找(同时起到推销餐厅作用)。进入餐厅之后,无论是保安员、迎宾员、清洁员还是服务员,都会主动帮助客人拿包,并主动表示送客人到雅间。点菜时,服务员总能给出合理的建议。当菜点到一定程度时,服务员一定会提醒客人"**咱们的菜点得差不多了,可以先这样了。**"如果是其他人发问,她马上换成:"**这位先生……**"让每个人均感到受到重视,而且所有的语言尽量使用第一人称,拉近了与顾客的距离。在就餐过程中,如果客人去洗手间,令人感动的是,客人洗完手后,清洁员能够彬彬有礼地提供擦手纸并踩压打开垃圾桶,之后准确地将客人引领至要去的雅间:"您的雅间在229号,请随我来吧。"因为客人去洗手间时,迎宾员将客人的雅间房号告之了清洁员。清洁员制服干净、合体、熨烫挺括,头发整齐地盘于脑后。在用餐过程中,除盯台服务员外,至少有三名着领班服的员工进雅间关照客人,包括一名佩戴质检员名牌的员工。他们(她们)共同的特点是:不是进来观察观察就走,而是自然融入服务程序,或

餐饮全面服务管理：抓牢顾客的心

换小毛巾，或换骨碟，或斟倒茶水等。使客人不仅感到极其有面子，而且还备感服务的周到性。当客人提出请服务员帮助清洗自带水果时，服务也很周到，不仅清洗干净，而且装盘美观。当清洗过程中发现个别水果被挤压变形时，立即询问客人能否放弃。结账时，为客人提供盛装零钱和发票的特制信封，上面印着精美的酒楼标志。雅间服务员一路为客人送行，直到客人上车为止，同时送行的还有门厅服务员、保安员等。当客人向某位服务员问路时，服务员不知答案，但马上跑步去问另一同事，接连问五名，直到找到答案为止。给人的感受是：只要客人问任何问题，都会尽量满足客人的要求。

总之，服务创新"新"就新在我们把目光从关注服务的最终表象转移到关注服务整体上来，把关注服务提供的方式和规格转移到为顾客的某种感受定制服务上来，这样才有利于提供具有东方特色的、细腻的情感化服务。

特色创新

特色创新其实就是氛围创新，包括了环境。在餐饮业竞争日益激烈的今天，怎样才能使我们的餐厅在众多的酒楼、餐厅里脱颖而出，不被淹没在"一好百同"的浪潮里？最重要的就是营造餐厅的特色，可以说，**餐厅的特色＝竞争力**，没有特色的餐厅终将因为离开顾客的视线而被淘汰或者一蹶不振。

说到特色，比较玄，不容易捕捉，我们不要局限在装修方面，而要利用综合的装饰，把文化氛围、历史背景、名人典故甚至老板的作风都融为一体，这样一来，一道特色菜、一本顾客留言簿、一盏羊皮灯、一套"雨过天青色"的餐具可能也会成为顾客津津乐道的特色。

从综合的角度来说，塑造餐厅的特色可以从以下几个方面着手：

1. 平衡营造氛围的理念和餐饮本身功能的比重

为什么首先提到这一点？因为餐厅的最终目的很明确，是以向顾客提供菜品这个核心产品为根本目的的，其他的诸如服务的功能、休闲的功能、文化的功能等等都可以看做是这一根本目的的延伸。所以，塑造特色是菜品和其他形式并重的，正如我在第三章所讲过的：如果仅是一味地追求歌舞伴宴、后现代装修，可是菜品却完全不符合顾客的需求，这种所谓的"创新"就是无源之水、无本之木。

这一点再引申一下，就是餐厅的主题功能要比较明确。首先要坚信的是，一个餐厅不可能接待所有层次的顾客，必定有它自己的目标顾客市场。餐厅的特色必须符合目标顾客市场的需求。例如著名的湘菜酒楼湘鄂情，它的选址都是在高档写字楼，它的目标顾客就是写字楼的商务客人，所以它提倡"湘菜精品化"，使乡土气息较为浓郁的湘菜经过减量、美化造型、减少咸度、使用高档原料等方式摇身一变成为可登大雅之堂的精品。其次，提炼一个突出的主题，全方位地加以营造。这一方面，很多外资餐厅都做得很好。星期五餐厅从进入中国开始，一直提倡的就是"美式休闲饮食生活"，所以它很注重从各个方面营造这一主题。它的菜品介于美式快餐和正餐之间，既有浓郁的美式风味又不繁杂，能够让顾客感受到其他的特色，而不会像法式大餐那样仅仅繁杂的就餐礼仪就让顾客自顾不暇。服务人员的服务方式正规而又不失灵活，既体现了正规餐厅的规范，又不像大酒店里那么束缚客人。更值得一提的是，星期五餐厅非常重视"万圣节"的活动，利用假面具、造型各异的南瓜灯等等充分体现西方文化中这个重大节日，给顾客留下了惊喜。最后，这一主题要切合餐厅的既往理念还要有所进步。这一点上，饮食大鳄麦当劳的教训值得我们深思。众所周知，麦当劳以麦当劳叔叔的形象在儿童的心目中占有很重的分量，麦当劳是依靠千千万万的家庭用餐起家的。在中国，由于各种同类餐厅的迅速崛起和居民消费的提升，麦当劳的黄金时期进入尾声。看到青年阶层（20岁~35岁）的巨大消费能量，麦当劳推出了"我就喜欢"的理念，希望借此脱胎换骨。但是事实是，顾客没有看到新的成系列产品的出现，只是理念的巨大变化，反而让新老顾客都无所适从：老顾客带着孩子看着青春偶像王力宏又蹦又唱，是一头雾水；新顾客充满活力地走到前台却发现还是以前的几款产品。也就是说，当麦当劳的"清洁、品质、服务、物有所值"的理念已经成为行业基础的时候，它没有提出更好的、能够配合产品的同时也满足目标顾客市场需求的主题，从而导致了巨大的隐患。

2. 营造人性的需求

特色是建立在人性化的基础上的。我们很多餐厅讲究服务规格、讲究菜品档次、讲究程序、讲究排场，其实这些东西很多都不人性化。不要把顾客当成上帝，上帝是高高在上的不会犯错误的神，但是特色是彰显人的个性，是在沙发上和朋友端着咖啡聊天的舒适感觉。特色应该更人性化、更周到。玛吉阿米西藏风情餐吧是北京城里很著名的餐厅，出版了一本《玛吉阿米的留言簿》，这本书很畅销，就是顾客在玛吉阿米用餐时随手在餐厅准备的留言簿上留下的东西，可能是一段话，可能是一首即兴创作的小诗，也可能是随手涂鸦的图画，但是总而言之的是顾客的心灵感悟和宣泄，"给心灵以休憩"也成为玛吉阿米的突出特色。而另一家著名的阿凡提音乐餐厅，在席间"阿凡提民族乐队"载歌载舞，气氛浓烈，酒足饭饱的顾客还可以跳上桌子大过一把舞蹈瘾，张扬自己的个性。

广州一千一夜的歌舞伴餐

玛吉阿米浓郁的藏文化氛围

3. 塑造特色要有内涵和后续的技术手段

跟风最不可取，要做自己，以自己的个性体现餐厅的个性从而吸引喜欢这种个性的顾客。北京的餐饮业曾经有过明显的潮流期，多少"毛家菜馆"、"海鲜酒楼"如今踪影难觅，大浪淘沙，只有珍珠才经得起打磨。北京腾格里塔拉剧院酒楼就融蒙古饮食文化和歌舞文化为一体，重点突出了成吉思汗功勋烤全羊的饮食文化和通过歌舞表现了鄂尔多斯婚礼这一民俗文化。烤全羊蒙语称"昭木"，是元朝内廷大宴中的名菜。腾格里塔拉的功勋烤全羊选用内蒙古草原的肥嫩羯羊，用多种调料煨制，现宰现褪，经特制炉具烘烤四小时以上。敬献烤全羊时由蒙古族司仪吟唱颂词，敬献哈达，场面十分热烈。而大厅则通过金色草原、接亲马队、绣金面纱、盛宴酬宾四幕歌舞体现了蒙古族浓郁的民俗民风和盛大的婚礼庆典场面，将华丽的服饰、蒙古族独特的礼仪文化和地域文化生动地展现给了顾客。正因如此，顾客并不觉得每位200多元的用餐标准很贵，反而有超值的感觉。

4. 特色是民族情趣的表露

特色是中国饮食文化的特色，应该植根于东方的感觉。我强调的是感觉，而不是固化的元素，就像并不是说中国特色就是红灯笼、京剧脸谱，日本特色就必须用樱花一样。但是日本的餐厅大多抓住了"和"民族"清、静、和、寂"的民族文化

大董充分运用了宋词、水墨画等中国文化元素

精髓。从日本札幌、东京、箱根的很多餐厅的宣传单上都能看得出来。这些宣传单往往内容简练，重点突出，图片和文字搭配得错落有致，封面上有大面积的留白，颜色素静雅气，很有韵味。

5. 特色要利于保护和考虑独占性

中国的饮食行业往往可以一道特色菜"只菜遮天"，可是也就有很大的问题，就拿"红焖羊肉"来说，只要一流行，满大街都是红焖羊肉的馆子，恶性竞争的结果只能是两败俱伤。这点大董烤鸭店就做得很好。大董烤鸭店敏锐地抓

大董酥不腻烤鸭片

第四章 全方位地理解顾客满意

住顾客要健康不喜欢肥腻的需求，变油嫩的北京填鸭为自己独创的"酥不腻"烤鸭。烤好的鸭子表皮入口即化，但是丝毫没有油腻的感觉。大董还推出了烤鸭的三种吃法：一为表皮蘸着白糖吃，吃鸭皮的酥香；二为鸭肉和葱丝、黄瓜条蘸甜面酱的传统吃法，吃北京烤鸭的怀旧；三为鸭肉和蒜泥配荷叶饼的吃法，吃蒜香和清爽。"酥不腻"烤鸭一炮而红，而且技术独到，也成为大董烤鸭店秘不外传的招牌菜。更绝的是，大董坚持做最中国的味道、最时尚的表现，从而拓展了产品系列，成就了大董精品创新菜——大多数是利用留白的意境来呈现如画卷如诗词般的美食艺术，把顾客带入到了时尚隽雅、古典朴茂的氛围中去。

6. 特色突出不要繁杂

特色不要太多，太多等于没有特色，这也就是"过犹不及"的道理。特色要全方位营造，不是说有了歌舞就是特色。北京什刹海有一家餐厅，食客恍然间以为进入书馆，再一细看，发现小小的缀满玻璃酒杯的吧台，这家餐厅就是岳麓山屋。店名"岳麓山屋"是岳麓书院院长朱汉民先生的题字。而看着菜单，80多道菜大部分是我们在其他湘菜馆中没见过的，听说是老板走遍三湘淘来的。再环顾店内的环境，用玻璃墙和竹帘隔断成雅间，既不憋闷，又符合整体的感觉。餐厅内灯光柔和，餐桌上还有一盏小烛灯，外面别出心裁地用玉竹纸做了一个半透明的灯罩，上面是近期的优惠活动。再看餐巾纸，是装在一个像小《论语》线装书的纸盒里，牛皮纸的黄色带有古老的文化气息，上面还印着简略的地图。店内满布着玻璃书柜，里面装的书种类繁多。岳麓山屋就是这样通过环境、一纸一灯、一粥一菜全方位地体现了自己的特色，让每个人都记住了这里的雅屋、雅食、雅客。

总之，营造特色是餐厅未来经营的必然之路，特色需要全面策划，需要不断地丰富内涵，也需要不断地改进表现形式，更重要的是坚持自己的风格，才会拥有属于自己的一片天空。

餐饮全面服务管理：抓牢顾客的心

三摩地用餐具、菜品的相互配合突出了健康无负担、素净雅致的特色

四

营销创新

随着民众生活水平的提升和工作节奏的加快，外出就餐的几率成倍的增加，但酒楼餐饮业的竞争也亦发激烈。为了搞好销售，各个酒楼真的是

"八仙过海，各显其能"，促销手段令人眼花缭乱，虽然"乱花渐欲迷人眼"，可是基本上不能跳出围绕"价廉物美"这个中心做文章的怪圈，就像姑娘只有一个，只是不停的变换发型。其结果就是带来顾客的"促销疲劳"，对再大的噱头也无动于衷，而且也提前导致了酒楼行业利润的下滑。

营销是个大的概念，营销手段绝不仅仅是单一的价格杠杆，有的酒楼做活动换着方式去打折，折掉了酒楼的纯利润；有的活动却能促进酒楼获得长久的利润回报。我们需要思考的是，难道顾客真的因为"打折"才光顾你这个酒楼吗？或者换言之难道你这个酒楼吸引顾客的核心手段就是"打折"吗？在顾客需求层次提升的今天，文化，只有文化才是营销的核心，才会成为促进顾客消费的高超手段。

1. 文化营销的内涵

文化营销是指充分运用文化力量实现企业战略目标的市场营销活动，即在酒楼的营销活动全流程中体现一种文化理念，以文化作媒介与顾客及社会公众构建全新的利益共同体或者是共同关注点。

2. 文化营销的特征

"共享"、"价值观"和"行为方式"三个方面共同构成了文化的主题，文化营销的分析也是建立在这三个基本特性之上。文化营销与传统的市场营销有着很大的不同，概括地说，文化营销有以下三个方面的基本特征：

（1）以彰显特色为基础

在现代社会，顾客对于个性的展现表现出了前所未有的关注，他们赋予餐饮消费一种情结。如果一个酒楼能够提供感觉新颖独特的产品或营造让人流连忘返的环境氛围，那么这个酒楼就拥有了区别于其他酒楼的差异性。这种差异性越是与文化相融合就越显示其独特创新性，就越容易给顾客留下深刻的印象，从而在市场竞争中拥有较强的竞争优势。我们前面讲到过的玛吉阿米西藏风情餐吧、腾格里塔拉剧院酒楼、岳麓山屋等就是以文化特色打造其独特性的成功典范。我们再看麦当劳的例子。麦当劳推出的新理念"我就喜欢",传达一种青年人张扬、独创、无所顾忌的叛逆性格,在澳大利亚此营销策略取得成功,成为16岁~30岁群体顾客光顾麦当劳这个传统上被认为是"儿童餐厅"的最好借口,同时也成为麦当劳拓展顾客市场、从儿童顾客市场走向青年顾客市场的急先锋,而在中国却因为文化的融合性不够并未受到顾客的青睐。

(2)以所弘扬的价值观为核心

传统的营销方式基本上是以有形产品为中心的,即便是运用了文化要素,惯用的做法仅是从历史书中摘抄一段菜品的渊源,表明这种菜品身家显赫,或者宣扬某位历史名人对这个菜品的喜爱甚至是这道菜品的创制者,恨不得盼着消费者连这个历史名人也吃下去。这种运作方式只是给产品绑上了"文化",这是比较肤浅的,因为至于菜品中凝聚有多少文化因素以及这种因素和消费者的价值观念有何联系等等都没有予以考虑。而文化营销则重点在于弥补这些不足,是有意识地通过发现、培养或营造某种核心价值观念来达成酒楼目标的一种新型营销方式。

我国台湾台中市永丰栈丽致酒店天香楼餐厅推出西湖菜,就是以"为您一解吃的乡愁"为主题的,在它的宣传单中更进一步写道:"俗谚云:'上有天堂,下有苏杭',杭州的秀丽山水、园林艺苑、名胜古迹,多少风流韵事衍自其中,同时也是文人雅士汇集之处,然而'江南忆,最忆是杭州',对我们这个讲究美食的民族而言,泰半也是为了名闻遐迩的'西湖醋鱼、东坡肉及龙井虾仁'这些令人无法忘怀的杭州名菜吧!"这样就把中国人骨子里的一种民族情结、美食情结调动了起来,并且最终落实到天香楼的顾客群体身上,因为他们进一步表明:"永丰栈丽致酒店天香楼将正统杭州美食的原味,忠实呈现在您的面前,盼高品位的美食专家共鉴赏之。"

(3)以互动共鸣为根本

与其他营销方法相比,文化营销充分表达了酒楼的价值观念取向,但不是单向的,而是争取用较低的生产与营销费用,为顾客提供更多的让渡价值的产品和营造令顾客满意的消费环境,特别注重追求顾客满意度,能够借助文化的亲和力,在酒楼与消费者之间建立共同认知,其出发点与落脚点就是追求达到与消费者价值观念的共鸣,形成彼此的良性互动。麦当劳的一系列活动都是贯穿了"做社区好公民"这一主题的,例如麦当劳进行的为社区幼儿园儿童教麦当劳叔叔舞蹈活动、为社区孤寡老人清洁卫生活动、为社区困难家庭儿童捐赠书包活动,都是让顾客参与进来,或者共同签名,或者一起做义工,或者捐助零钱,从而取得了长期的社会效益和经济效益。

北京宴通过台面为客人订制的沙盘画很好地引起了顾客的共鸣

3. 饭店文化营销方式

（1）产品文化营销

酒楼的产品不仅仅是菜品,也不仅仅是服务,将产品分割为菜品、服务、环境等可以作为研究的手段,但是不能把产品当成为菜品、服务、环境的单纯相加,而是一定要有整体观念,也就是说,在现实中,单独说菜品、服务还是环境都不能成为酒楼的产品。酒楼要获得竞争优势,应把文化内涵融于产品的设计、包装、销售、服务等各个环节之中,在菜品文化的创新上要不拘一格,满足人们对饮食文化求新猎奇的心理需求,突出酒楼产品知识化特点，充分体现其文化价值的作用。

台湾台东饭店日本餐厅举行的"怀石料理美食飨宴"就充分体现了异域文化的全方位展现。在环境上，餐桌上的台布、入口的布景和舞台的背景都变成了日本的风土装饰，音乐也选择了日本的传统音乐；在菜品上，邀请了日本主厨向顾客简单介绍怀石菜式，并完全按照吸物（汤）、刺身、肉料理、煮物（菜卷）、烧物（烧鱼）、食事（寿司）、点心的日式全套用餐规格来上，茶水也改为了樱花茶；在服务上，完全采用专业的日式服务；在促销品方面，赠送给客人日本的绢人等日本小饰品；在氛围营造上，专门聘请了两名专业的日本艺伎为顾客做现场的歌舞表演。就是通过这样的全方位文化营销，让顾客身在台湾，恍如从迈进餐厅的那一刻起已在遥远的异国他乡，充分享受了日本的情调。

（2）理念文化营销

一流企业卖理念，二流企业卖产品。一个酒楼的理念能不能吸引顾客，成为顾客选择酒楼的重要因素。越来越流行的俱乐部文化，就是因为顾客在那么一个团体中找到了自己存在的价值和空间，成为一种人性的回归。是不是每个酒楼都要采取俱乐部形式、常客计划？那倒不一定，但是每个酒楼都应该有吸引自己顾客的理念，才是千真万确的。

理念文化是营销文化的基础，强调在营销中充分体现企业的文化理念。其核心就在于寻求为顾客所接受的价值信条作为立业之本，从而促进顾客对整个企业包括其产品的认同。

2012年，笔者去南京交流学习，品尝了南京真知味旗下的御尚旬府高档餐厅推出的"民国大菜"。民国大菜包括20道主体菜品：金陵叉烤鸭、清汤山鸡孚、复兴炖生敲、瓢儿鸽蛋、凤尾虾排、蛋烧卖、锅贴干贝、炖菜核、一品官燕盏、松鼠鳜鱼、酒凝金腿、鸭包鱼翅、叉烧鳜鱼、香炸云雾、扁大枯酥、茴香烧卖、腐乳肉、茅台鸡、豆瓣鱼、雨花茶鸭等。

这些"民国大菜"，没有一道放味精和鸡精，全部是原汁原味，以体现

第四章 全方位地理解顾客满意

原材料鲜美滋味。像名菜"复兴炖生敲",当年选用野生鳝鱼,一斤3条。现在野生鳝鱼越来越少,只能选用人工饲养的鳝鱼,烹饪时加入用猪脚熬制的浓白高汤炖,这种汤里含有大量胶质,弥补人工鳝鱼缺乏胶质的不足,做出来味道与野生一样。据了解,一道菜能否入选"民国大菜"名单,门槛很高,标准很严。首先是原料分为主料、辅料、调料;其次是工艺流程,分为制作、切配、加工;其三是质量标准,分为口味、色彩、形状、营养、装菜肴的器具,也就是人们常说的"色、香、味、形俱全"。经5名研发专家投票后,才能确定最终的入围名单。

真知味金陵叉烤鸭

南京丁山花园酒店也是一个例子,它的理念就是始终站在引领饮食潮流的前列,所以顾客想换什么口味了,先看看丁山饭店出什么新菜了。鱼汤小刀面、丁香排骨、生炒甲鱼、雨花石汤圆等等的菜品都成为脍炙人口的美食经典。

(3)休闲文化营销

休闲文化营销的含义不是说让所有的酒楼都变成茶餐厅、演艺厅,就是休闲了,休闲的定义就是放松,当人们专注于某一兴趣时就会产生放松的感觉。休闲化是个趋势。我们的酒楼包括整个服务业,喜欢高规格、高标准,动不动就金碧辉煌,动不动就鲜花簇拥,顾客来酒楼吃饭是放松的,不是来进行领导讲话的,我们酒楼要做的就是如何让顾客从平常的工作状态里回到一个他喜欢的生活状态中来。这是休闲文化营销的真谛,而不是单纯的酒楼让顾客唱唱歌、听听音乐就是休闲了。特别是2008年的奥运会

餐饮全面服务管理：抓牢顾客的心

专家视点

休闲文化营销的真谛，就是让顾客从平常的工作状态回归到他喜欢的生活状态中。

的接待，美式文化、欧式文化的主流都是休闲化，外国人除了正规的工作场合都很随便，总统参加宴会那是他的工作，他穿得很正式，如果总统自己在什么地方用餐，他穿得就很随便，如果我们的酒楼在门口举着花环欢迎、把酒楼的其他顾客请走，变成为他的一场单独招待，人家可能很反感，因为不自然，接触不到中国的社会现实。

北京的什刹餐厅弥漫着的就是"家的感觉"。家的感觉来自于什刹餐厅的私密性，餐厅里非常安静，每一个角度都有竹帘，在餐厅里顾客可以进行商务会谈，也可以享受私人空间，没有顾客本人的允许不会有任何人来打扰你。这种文化的氛围给了什刹餐厅巨大的张力，让来到餐厅的每一个顾客都暂时忘掉了生活的种种不快与烦恼，享受到了难得的宁静与平和。同样的，你为顾客考虑得越多，顾客回报你的就越多，什刹餐厅也成为京城的著名餐厅。

总之，**文化营销**不是叫卖文化，不是附会历史，不是和名人拉关系，是**营造文化**；文化不仅显现在产品上，还体现于理念中，更重要的是你始终明了**休闲化**是服务发展的主题，你就明白了文化营销的真谛。

全面理解顾客满意

满意必须以顾客市场为前提和衡量标准,这个转变并不轻松,需要随时修正。例如有的酒店生意不好,就想方设法进行改造,寄希望于通过提升硬件档次来改变目标顾客市场;有的酒店精雕细刻原有菜品、不断推陈出新,但是却不能够回答这样的基础问题——即这些菜品真的是目标顾客所需要的吗?有的酒店服务流程让人眼花缭乱,繁杂得无以复加,但是这些服务确有必要吗?很多酒店在实际的操作过程中容易走偏,又变成了因为想要改进而进行改进,但是改进是为了什么并不明晰。

我想理解"顾客满意"应该分成两个层次,这样才不会理解混乱,也便于寻找理论和实践的结合点。**"顾客满意"的短期观念是**:顾客满意是顾客消费总体感觉正向评价超过反向评价的结果,是下一次再次消费的基础。**"顾客满意"的长期观念是**:顾客满意是酒店和顾客得以维系的良好而持久的关系。有了短期观念,我们会加强流程的改进、团队的配合、信息的沟通等;有了长期观念,我们才能着眼于营造顾客无压力消费的空间、试图找出并细分顾客市场、弄清营销策略的方向等。

正是基于上述的理解,我们才能廓清一个误区——满意的顾客并不等于忠诚的顾客。也就是说满意的顾客符合"顾客满意"的短期观念,而并未成为"顾客满意"长期观念的对象所指。即当顾客成长时,我们是否能够及时地有所察觉和预计?我们是否完成了新产品的开发以使其达到或超过顾客的新要求?我们是否利用了我们的客史档案,提醒顾客我们很乐意承担他的五周年结婚纪念宴请,而不仅仅是使客史档案变成一个摆设?我们是否在进行客户拜访时不是夸夸其谈我们的产品如何优秀,而是认真倾听顾客他需要的是什么,我们又能够为他解决什么?

这些所有的疑问我们可以通过"顾客满意"的人本观念而加以进一步的理解和改良。我想任何一家酒店的"顾客满意"均需通过如右的循环而传导达成。

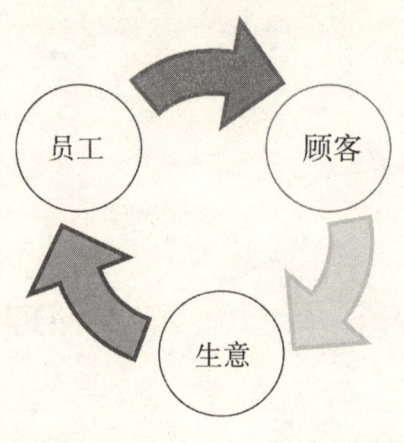

也就是说有了满意的员工才有满意的顾客,由此带来的自然而然的结果是生意提升。所以,我们工作的目的不是挣钱,而是照顾好我们的员工和顾客,由此带来的结果是利润的获得。

那么怎么去照顾好我们的员工呢?很多酒店说的是"以人为本"。这个"人"的面可就广了,不客气地说,如果一个酒店不加以区分地追求员工满意最大化,这个酒店的最终结局一定是破产。所以同样的是"以人为本",

以人为本可以体现在员工水杯管理等点点滴滴的方面

第四章 全方位地理解顾客满意

我们应该给它一个限定,即这个"人"是指信奉酒店的核心价值观的员工,对他们的培养将直接影响到"顾客满意"的最终实现。

有好的员工才会有被关爱的顾客,我们首先想到的应该是我们能够为顾客做些什么,而不是通过我们做什么工作使我们能够从顾客那里得到些什么。这个世界上的事情往往就是这样,即你越想得到的你就越得不到,只有真正为顾客着想的才能真正从顾客那里受益。所以,我们追求的"顾客满意"不是酒店领导对流程的满意,而是顾客的需求得以适当而迅速的解决。

顾客目标市场的选择同样直接影响"顾客满意"。一个酒店不可能做到在使团队客人满意的同时又使政府客人和商务客人满意,因为彼此的需求不同,彼此就对满意的感受和成本的理解有很大不同。基于事实的决策要求我们尽量通过数据化的信息来完成酒店经营策略制定和选择。所以我们对于生意的关注必须具有方向性,一个酒店试图既做中低档市场,又在高档市场占有一席之地,是费力不讨好的。

总之,"顾客满意"是"关系第一"准则的体现,也是一个循环支持系统,由满意的员工、被照顾得很好的顾客、方向性明确而获利的生意这三个因素循环往复的推动和实现,任何简单的针对某一环节的改变,不能得到最终"顾客满意"的结果。

请您思考

1. 请谈谈您对"功能性服务"的理解。
2. "顾客满意"有什么深层次的要求?

| 第五章 |

顾客期望管理

满意 = 期望 - 结果

——美国营销学会手册对"顾客满意"的定义

了解清楚顾客的期望，是我们做好服务、提升质量的根本所在。当然，这个顾客是我们的目标顾客。

一

市场细分与设定期望

这里所阐述的市场细分概念，更强调不同的子市场顾客，其期望各不相同。

管理者要学会根据不同的子市场，带领业务骨干设定期望。而这个过程实际上就是实施期望管理的过程。**何为期望管理？就是指经营者为顾客提供达到、甚而超过其原本期望的服务与产品。**

怎样实施期望管理？通常我们遵循如下的步骤：①带领业务骨干，细分市场，并设定期望。需要提示的是：设定的结果可能不够精确，或者并不十分重要，但设定的过程价值巨大。②根据可确定性期望设定，进行新产品与服务设计。③应用中验证，并完成修改与确定。④形成制度，严令执行。

那么，顾客的期望来源于什么因素？是否应该去控制呢？

顾客期望的来源

1. 顾客的个人需要

它可以是自身已经觉察到的,也可能是在外部因素如市场沟通、有形证据、产品价格和口碑宣传等因素的刺激下而激发出来的。**顾客的个人需要越强烈,对服务质量的期望值越高。**如果顾客有一定的关于服务提供的个人理念,那么他对服务企业的理想的服务期望将会提高。例如,一位从事过餐饮工作的顾客,比其他顾客更难容忍饭菜的小毛病和服务无礼。

2. 企业的承诺和外在表象

企业通过广告、宣传、人员推销等市场沟通方式向顾客公开提出的承诺,直接影响顾客期望的形成。例如,经常有餐厅在广告中宣称:"平民的价格、皇帝的享受",但是恰恰这些餐厅没有火暴起来,反而"门庭冷落车马稀"。那是因为顾客的期望已经被企业提升到皇帝般的享受要求,而在不违反经济规律的现实条件下,企业很难用较低的价格长期提供较高价值的服务,反而会给顾客造成更大的心理落差,成为企业服务质量下降的隐患。

而外在表象也是顾客期望来源因素之一。比如,顾客看到一家气派的、金碧辉煌的餐厅产生的期望和看到街边大排档产生的期望是明显不一样的。酒店门前的豪华轿车、服务人员标准化的服务礼仪、洁白的桌布、酒店内豪华的装修都使顾客对该酒店的服务形成较高的期望;而街边档的简朴、油

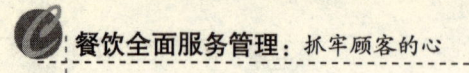

污的桌面、随手可扔的垃圾都使顾客形成了较低的期望。

3. 顾客过去的经验、经历

不同经历的顾客有不同的期望。比如一个高级白领以前经常光顾高档餐厅，假设现在在一家比较普通的餐厅用餐，他就会从以前的经历来看这个餐厅，觉得条件差、服务落后。假如是一个普通消费者，以前是经常在家吃饭的，很少有消费经历，一旦到一家中档餐厅用餐，他会觉得这家餐厅条件很好。顾客的期望随其经验丰富程度的变化而变化，经验越丰富的顾客越抱有更高的期望。

4. 口碑传播

比如朋友向你推荐某餐馆某某名菜，朋友的推荐形成了你对那家餐馆的期望。

5. 顾客对替代品的知觉程度

替代品意味着顾客在市场上有更多的选择机会。以前餐厅少、价格贵、服务差，但是顾客可以忍受，没有在服务质量方面有过多的指摘，但是现在餐馆遍布大街小巷，顾客的服务期望就会提高。如果顾客知觉到有更多的服务替代品可供他们选择，他们的容忍阈限比没有知觉到服务替代品的存在时要小。

第五章 顾客期望管理

顾客期望管理的真实含义

我们在这个命题下最重要的是解决"期望是谁的期望"的问题。面对西式快餐在中国的经营业绩下滑,肯德基和麦当劳采取了两种不同的策略。

肯德基抓住了这次市场机会,不仅扭转了营业额下滑的被动局面,而且终于在华超过了麦当劳的市场份额。相比麦当劳自以为是的改进自身的服务系统、推出"我就喜欢"的替代理念,肯德基认真分析了顾客期望的变化。顾客对西式快餐的期望伴随着顾客对外界的认知面增加,西式快餐在代表美国文化方面的力量越来越弱,人们把关注焦点越来越放在了食品本身。那么快餐食品的健康问题就成为顾客的首要考虑因素。肯德基下大力气调整了自己的产品结构,增加了蔬菜类的沙拉、中式的寒稻香蘑饭、老北京鸡肉卷、嫩牛五方等,从口味、食材选择上都向传统中餐学习,而且通过减少油炸方式等降低了食品的热量,甚至肯德基旗下还专门建立了一个品牌"东方既白",售卖油条、包子等等中餐食品,这些都有效地改变了人们心目中肯德基油炸食品是垃圾食品的形象。就是因为肯德基的调整是符合顾客期望的,因而确立了肯德基一举超过麦当劳成为中国快餐行业老大的龙头地位。

也许以上的案例还不够直观,倒是一个小故事会给我们在期望管理方面很深刻的启示:

一个公主十分喜欢月亮，她日思夜想，想要让这个月亮日夜陪伴在她的身边。但是每到白天来临，月亮就会毫不留恋的消失，因此，小公主生病了，并且日益严重。她娇憨地告诉疼她的国王，如果她能拥有月亮，病就会好。

爱女心切，国王立刻召集天下聪明智士，要他们想办法拿到月亮，但无论是总理大臣、宫廷魔法师，还是宫廷数学家，没有一个人能够完成任务。纵然他们每个人在过去都完成过许多极富挑战的任务，但要拿月亮，谁都没有办法。而且，他们分别对拿月亮的困难有不同的说辞：总理大臣说它远在三万五千里之外，比公主的房间还大，而且是由熔化的铜组成的；魔法师说它有十五万里远，用绿奶酪做的，而且大小整整是皇宫的两倍；数学家说月亮远在三十万里之外，又圆又平，像个钱币，有半个王国大，还被粘在天上，不可能有人能够把它拿下来。国王面对这些"不可能"，又烦又气，只好叫宫廷小丑给他弹琴解闷。

小丑问明了一切后，得出了一个结论：如果这些有学问的人说得都对，那么月亮的大小一定和每个人想的一样大、一样远。所以，当务之急是弄清楚小公主心目中的月亮有多大、有多远。

国王一听，茅塞顿开，吩咐小丑解决这个难题。

小丑立即到公主的房里探望她，并顺口问公主，月亮有多大？

"大概比我拇指的指甲小一点儿吧！"公主说，因为她只要把拇指的指甲对着月亮就可以把它遮住了。

那么有多远呢？

"不会比窗外的那棵大树高！"公主之所以这么认为，因为有时候它会卡在树梢间。

用什么做的呢？

"当然是金子！"公主斩钉截铁地回答。

比拇指指甲还要小、比树还要矮，用金子做的月亮当然容易拿啦！小丑立时找金匠打了一个小月亮、穿上金链子，给公主当项链，公主高兴极了，没几天病就好了。

但是国王仍旧很担心。到了晚上，真月亮还是会挂在天上，如果公主看到了，谎言不就被揭穿了吗？

于是，他又召集了那班"聪明人"，向他们征询解决问题的方法，怎样才能不让公主看见真正的月亮呢？有人说让公主戴上墨镜，有人说把皇宫的花园用黑绒布罩起来，有人说天黑之后就不住地放烟火，以遮蔽月亮的光华……当然，没一个主意可行。

怎么办？心急的国王深恐小公主一看见真月亮就会再次生病，但又想不出解决方法，只好再次找来小丑为他弹琴。

小丑知道了那些聪明大臣的想法后，告诉国王，那些人无所不知，如果他们不知道怎样把月亮藏起，就表示月亮一定藏不住。这种说辞，只能让国王更沮丧。眼看着月亮已经升起来了，他看着就快照进公主房间的月亮，大叫："谁能解释，为什么月亮可以同时出现在空中，又戴在公主的脖子上？这个难题谁能解？"

小丑灵机一动，他提醒国王，在大家都想不到如何拿到月亮的方法时，是谁解决了这个难题呢？是小公主本人，她比谁都聪明。现在，又有难题出现了，不问她，还问谁？

于是，在国王来不及阻止的瞬间，他就赶到了公主的房间，向公主提出了这个问题。没想到公主听了哈哈大笑，说他笨，因为这个问题太简单了，就像她的牙齿掉了会长出新牙，花园的花被剪下来仍会再开一样，月亮当然也会再长出来啦！

哈！困扰了所有聪明人的问题，原来对小公主来说根本不是问题呀。

如果我们明白顾客其实也像我们故事中的小公主一样，我们就应该明白我们真正应该了解的是顾客心中真实的期望和想法。

四

管理顾客期望

1. 合理细分并"定义你的顾客"

不同细分市场的顾客对产品或服务的期望不尽相同。因此，企业对顾客要区别对待，不要把太多的精力及人力投入到一些对自己根本没有利润的顾客身上。强调顾客对企业贡献的"帕累托"原理曾指出：企业的80%利润来自20%的顾客。因此，企业要想有效地了解和管理顾客的期望，就必须首先"定义你的顾客"，使顾客期望管理更具针对性。

我想说的是，这本书是对服务质量的探讨，但是我们的基础是承认企业的营利性。如果企业丧失了对利润的追求，不称之为企业，也没有办法可持续地提供良好的服务质量。因此我们需要避免对一些"虚假顾客"的要求的快速反应。

一家高档餐厅有一天来了一位带小孩的顾客，她提出了餐厅应该为儿童准备儿童餐具等要求。如果按照服务的思维来说，餐厅是应该尽快购置并提供儿童餐具的。可是如果真的这样做了，结果是什么呢？这家餐厅的就餐儿童会越来越多，因为他们提供儿童餐具。而这些儿童势必会影响其他顾客，可是这家餐厅的定位毕竟不是儿童餐厅，所以可以说这样的一件看似从服务出发的改进恰恰干扰了服务质量。

2. 要利用各种渠道了解目标顾客的合理期望

企业要利用各种渠道尽量了解顾客的合理期望，并迅速给以满足。这其中，顾客满意度调查是很重要的一种手段。

通常餐厅的顾客满意度调查都是采取填写分析《顾客意见卡》的形式进行的。这种方法在有的企业实施很有效果，而在有的企业则成了一种摆设、一种鸡肋式的做法。如何让顾客满意度调查更有效？我们结合《顾客意见卡》来进行讲解。

首先是《顾客意见卡》的内容设计。顾客反馈是对管理层至关重要的信息。尤其对于服务机构和内部服务部门，利用《顾客意见卡》收集顾客反馈是非常低廉的市场调研手段。借此我们必须找出如下信息：

①谁是你的顾客；
②他们何时会成为你的顾客；
③为什么是他而不是别的人会成为你的顾客；
④你的顾客需要什么；
⑤你的顾客有何感受；
⑥怎样才能留住顾客；
⑦怎样才能赢得对顾客的竞争优势。

你不用随时地回答所有问题，但应经常逐个思考一下。

我们根据上面的原则，可以看一个意见卡的样式：

样式一：

顾客意见卡

我们非常感谢您能提供宝贵的意见与建议，以作为我们改进的依据。

■ 品质

　　①您认为菜品味道符合您的期望吗？　　☺　　😐　　☹
　　②您认为菜品的分量合适吗？　　　　　☺　　😐　　☹
　　③您认为菜品让您很好选择吗？　　　　☺　　😐　　☹

　　♥您对菜品的建议：_____

■ 服务

　　①您对我们服务的速度满意吗？　　　　☺　　😐　　☹
　　②您认为我们的服务亲切且个性化吗？　☺　　😐　　☹
　　③我们是否能够及时满足您的要求？　　☺　　😐　　☹
　　④您在本餐厅是否得到友善的招呼？　　☺　　😐　　☹

　　♥您对服务的建议：_____

■ 清洁

　　①您是否满意我们员工的仪容仪表？　　☺　　😐　　☹
　　②您认为洗手间干净吗？　　　　　　　☺　　😐　　☹
　　③您认为我们的桌面、地面清洁吗？　　☺　　😐　　☹
　　④餐厅的花木是否一尘不染？　　　　　☺　　😐　　☹

　　♥您对清洁的建议：_____

■ 满意与否

　　①您愿意再次光顾吗？　　　　　　　　☺　　😐　　☹
　　②您对本次消费经验是否满意？　　　　☺　　😐　　☹

　　♥其他建议事项：_____

■ 烦请您留下个人资料：姓名、联络电话、年龄、用餐时间、地址。

■ 谢谢您的合作！

第五章　顾客期望管理

样式二：

■ 您是怎样知道我们的？

■ 您最喜爱我们的是什么？

■ 您希望我们在菜单中加什么菜？

■ 您有何建议或设想：

请您填写

姓名：　　　　电话：　　　　　　地址：

* 填写完整的意见卡，您将有机会参与每周一次的抽奖。谢谢您的合作！

其次，我们要特别注意提问的方法。举例来说，如果我们问顾客"您觉得我们的服务如何"和"我们的服务让您是否满意"，其实意思是一样的，但是结果可能会大大不同。为什么呢？第一个问题，顾客感觉是评价餐厅的服务，和顾客没有关系，那么往往顾客会给餐厅一个相对低的评价；而第二个问题，顾客感觉是问他自己的感受，为了表现大度，往往会给餐厅一个相对高的评价。

所以，为了得到更真实的顾客信息，我们需要规范我们提问题的方法。

再次，要注意顾客调查的时机和方法。我们一般主张在顾客买单等候找零时进行，这个时候顾客既完成了用餐，而又有空闲时间，是很适合进行满意度调查的。一般应该是餐厅的主管以上级人员亲自前往，跟顾客解释清楚："您好，张先生，我是餐厅的主管，受总经理的委托，特意向您咨询一下我们的服务质量状况。请您填写一份《顾客意见卡》，仅需要您2分钟的时间。"作为顾客，看到是餐厅的管理人员，一般都愿意填写并且较为认真。当收到顾客填写好的意见卡后，应该快速浏览，对问题原因不明确的加以询问，并再次真诚地感谢顾客的帮助。同时应该承诺，我们将认真分析后提供有关改进信息。

3. 设定顾客期望

如果企业提供的产品或服务的价值距离顾客的期望太远，那么就没有成交的可能。企业把顾客的期望值明确一下，告诉他哪些可以满足，哪些不可以满足，目的是能与顾客达成协议。

（1）正确处理不合理的顾客期望

界定期望值是否合理，应该以行业标准来确定。如果整个行业都没有满足顾客某种需求的先例，那顾客的这个期望值是不合理的。比如说餐厅对自带酒水加收的开瓶费。顾客利用了餐厅的环境、氛围、服务和部分菜品，但是却能够堂而皇之地不付全部的费用，这是明显地违反了市场经济原则的，这样一来，是不是顾客去酒吧也可以自带酒水呢？所以，对不合理的期望我们不能表现出不耐烦的神态，但是我们必须坚定的遵守企业的底线。

（2）适当降低顾客期望值

降低顾客过高的预期，将顾客期望控制在一个相对较低的水平，企业余地就会大一些，可以更容易地使顾客的感知达到或超过他的期望。**降低顾客期望值可以从影响顾客期望的可控制因素着手，适当降低承诺和外部表象的水平**。我们看2008年奥运会，跳水、乒乓球、体操等优势项目如果没有拿金牌，国人就会不满，而一些弱势项目比如曲棍球、马术等能进前八名我们就非常高兴。造成这种情况的原因很简单，前者由于以往的经验致使期望值高，而后者的宣传使人们的期望值降得很低。这是值得我们餐饮业借鉴揣摩的。

（3）提供信息与选择

当不能满足顾客提出的期望时，企业应给顾客提供另外的信息与选择方案。

第五章 顾客期望管理

李先生去泰国出差，飞机上提供了精美的航餐。李先生突然想起今天是农历十五，他是吃素食的。这可怎么办呢？当他把这点告诉空姐之后，空姐也迟疑了一下。要知道，飞机上是不能够做任何食物的，既不安全，也没有设备。但是很快空姐就推着餐车过来了，上面是飞机上所有品种的蔬菜，还有盐包和咸菜，在征求了李先生的意见后，空姐利索的拌起了蔬菜沙拉。李先生尝了尝，味道还不错呢，在这个日子吃了一顿高空素食。

（4）对顾客的期望进行有效的排序

顾客对一次服务会有不同的期望值，这些期望值都是他想得到的，但是其中一定会存在一些矛盾的地方。期望值会因人而异，对同样的服务可能每个人的期望值都会不同，并非每一种服务对每个人都有价值。比如顾客前来餐厅洽谈婚宴，期望值是：①价格可以承受；②场地足够宽敞、气派；③菜品味道被大众认可；④能够满足客人提出的额外要求；⑤服务不混乱，有过类似的接待经验。那么究竟哪个更重要呢？一个好的管理人员或者业务人员会在洽谈的时候敏锐地发现客人众多期望中何重何轻。服务人员应帮助顾客分析究竟哪一个期望值对顾客来说最重要，提供能满足顾客最重要的期望的方案或强调你能满足的东西对顾客而言是非常重要的。

> **特别提示**
>
> 1. 设定顾客的期望。
> 2. 拒绝顾客时，不仅告知理由，还要提出代替性解决方案。
> 3. 顾客不接受代替方案，告知你所提供的对顾客很重要。
> 4. 始终让顾客意识到你一直努力为他服务，而你也认同顾客需求中的合理性。

总之，企业首先要告诉顾客，什么是他可以得到的，什么是他不可以得到的，去设定顾客的期望值。当你要明确地拒绝顾客时，你要对顾客的期望值表示认可，然后告诉顾客你不能答应他的理由，你还应该尽可能提供另外的解决方案。如果另外的方案仍然不被接受，就要强调你能满足的东西对顾客而言是非常重要的。无论什么时候，服务人员要让顾客感受到，你一直想帮助他，你也认同他的想法的合理性。

4. 创造能够兑现的顾客期望

企业的承诺给顾客的期望过低，难以吸引足够的购买者。企业的承诺给顾客的期望过高，不仅企业的压力过大，而且顾客往往也难以满意。企业必须在这两者之间寻求一个平衡点，既吸引顾客又让他们满意。一方面，可以通过营销沟通提升或创造顾客的期望，使他们产生购买欲望；另一方面，企业一定要保证能够兑现自己的承诺。既不夸海口也不要隐藏有关信息。正如ISO认证所说的那样：写你所做的，做你所说的。许多企业错误地将顾客的期望值创造得过高。而事实上他们能提供的只不过是中等水平的产品或服务。不能兑现的承诺也许能招来顾客，但是绝不会有回头客，"虚假承诺"是一种自掘坟墓的行为。

> **特别提示**
>
> 写你所做的，做你所说的。

5. 努力超越顾客期望

企业仅仅满足顾客期望是不够的，必须超越顾客期望才能保留顾客。只有做到"承诺好的，提供更好的"，才能使顾客欣喜、兴奋、惊喜。

做差异化的服务，才有办法让顾客感动，被你感动了的顾客是你最有价值的顾客，他会一辈子跟着你走，并且疯狂地为你转介绍。

从以下六个方面餐厅可以做到差异化服务：

（1）人人需要被关注

关注要表现在方方面面，除了态度之外，更重要的是能够及时地发现顾客的需求。

某晚，餐厅包间内一席普通的家宴正在进行，在祥和的用餐气氛中，服务员小李看到老先生不停地用小勺翻搅着碗中的稀饭，对着鸡鸭鱼肉直摇头。这是怎么回事呢？是我们饭菜做得不合口味？不对呀，其他人不正吃得津津有味吗？小李灵机一动，到后厨为老先生端上了一碟小菜——酱菜丝。当小李将酱菜丝端上桌后,老先生眼前一亮,对着小李不停地称赞:"小姑娘,你可真细心,我的肝脏不太好,吃不了大鱼大肉,正需要点清口的小菜呢,你就拿过来了,真是不简单。"老先生的老伴连忙说:"这儿的服务跟其他地方就是不一样,我们没说的小姑娘们都能想到、做到,以后有时间我们要经常到这里来。"

(2) 不一样的赞美

人是社会人,需要被尊重和认可,因此,人们希望得到赞美。赞美分为直接赞美和间接赞美两大类,在服务过程中我们尽量使用间接赞美。为了避免不必要的麻烦,就算是使用直接赞美,我们通常要选择一个具体物象来赞美,而不是针对顾客本人。比如我们可以说:"先生您的领带真漂亮",而尽量避免说:"先生,您今天看起来真精神。"否则的话,有的客人就会想:难道我以前很不精神吗?

总之,赞美是人们的一种心理需要,是对他人敬重的一种表现。恰当的赞美别人,会给人以舒适感,有助于提升顾客对我们服务的良好印象,同时也会改善我们与顾客的人际关系。

(3) 让顾客的价值得到充分的肯定

顾客价值是服务的基本出发点,也是服务的最后结果。因此服务是一种顾客价值体现的过程,同时顾客价值也体现在服务结果上。如果用一句话来描述,服务就是顾客价值的实现。顾客价值用另一种方式表达就是"以顾客为中心"。

海南航空公司是我非常喜欢的一家航空公司。不是因为它的实力,它的实力没有国航的大;也不是因为它的飞机,在国内,飞主要航线的飞机其实都是差不多的。但是,我喜欢海航的服务。海航的空姐空少在起飞前,会满带微笑地站在乘客前介绍自己的名字,鞠躬致意;海航的航餐简陋的锡纸盒饭下会有餐盘、小碗,让本来不抱什么期望的我起码觉得自己在吃一顿相对正规的饭菜;海航的空姐空少坚持在顾客登机和离机时问候致意;海航在用餐车送完几次饮料之后,会有空姐空少托着餐盘问有无顾客需要添加。凡此诸多服务细节，让我觉得他们是在帮助顾客完成一次舒适的旅程而不仅仅是完成自己的服务。

（4）鼓励顾客的方式要不一样

鼓励顾客是为了强化某一个消费体验。当顾客生日时免费奉送的生日寿面是一种顾客鼓励吗？刚开始的时候是，而现在它已经成为餐厅的常规服务项目，这个时候它已经丧失了鼓励的作用。因此，我们要不断创造新的方式来鼓励顾客。

通常的方式包括：物质激励、文化激励、服务激励、形象激励和精神激励。物质激励即实在的经济实惠，餐厅在为顾客提供保质保量的服务前提下，给予顾客一定的价格优惠，特别是对价格较敏感的顾客。文化激励即企业要打造积极向上、健康和谐的企业文化，以独特而有内涵的企业文化示人，使企业被顾客信赖。服务激励就是差异化、个性化的服务，带有创新性和定制性。形象激励是企业要树立高品位、高格调的社会形象，使客人有自豪感、身份感，并以成为餐厅的客人为荣，甚至成为炫耀的资本。企业可通过打造金牌服务员，为灾区、贫困学子捐资助款、进行主题事件营销等手段为自己树立良好的社会形象，以赢得顾客青睐。精神激励是根据顾客不同的职业、性别、年龄、兴趣爱好等给予恰当的人文关怀和精神激励，使其保持愉快的心情。

（5）人人喜欢主动付出的人

不僵化于《操作手册》，不拘泥于小的成本，即俗话所言：吃小亏占大便宜。擦皮鞋、美甲，发圈、眼镜布……众多看似微不足道的创新赢来了顾客心甘情愿的等待。

海底捞火锅的发展速度可以说是中国餐饮行业的一个奇迹。是什么让这个普通的火锅店如此火暴？"超值服务"是众口一词的赞誉。通常而言，就餐排队是一个极其枯燥的过程，但海底捞却反其道而行之。当顾客在海底捞等待区等待的时候，热心的服务人员会立即为他送上炸虾片、水果以及豆浆、柠檬水、薄荷水等饮料。此外，还提醒他可以在此打牌下棋和免费上网冲浪。如果是女士，还可以在这里享受免费修指甲的服务。

而顾客在任何时候都能容易地在附近找到服务人员的目光。从停车泊位、等位、点菜、中途上洗手间、结账离开等全流程的各个环节，你都能够感受到这种细微的服务。当顾客吃饭的时候，服务员会帮他把手机装到小塑料袋里以防进水，会给长头发的女士提供橡皮筋和小发夹，为戴眼镜的朋友送来擦镜布。这些小细节都是那么及时、贴心，令人感动。

（6）人人需要被真诚的关心

服务过程中能够主动发现顾客的潜在需求，并及时的满足，这就是真诚关心的原则要求。

这天在餐厅靠窗临街的一张桌子前坐着几位香港客人，那位戴眼镜的穿斜纹条西服的中年人，一看便知道是今天做东的主人。值台小姐在客人点完菜后便手托冰水壶走到客人面前。"李先生，加点冰水吧？"她那自信的口吻好像早有所知似的。"好啊！"李先生也没有一点惊奇的样子，似乎这应在情理之中。只见小姐为李先生倒好冰水后，又放下一碟切好的柠檬片，转身轻盈地离开。

但是在座的其他几位客人都不明白，他们进餐厅后没向谁报过姓名，这位小姐何以知道主人的姓氏呢？更令人琢磨不透的是她连李先生爱喝柠檬水的癖好都知道，岂不成了神机妙算？一位朋友转过头问李先生，是否经常来这里吃饭，李先生答道："不常来，大概才三次吧！不过这里的服务员都很用心，他们观察到我很怕热，又喜欢柠檬的香气，所以从第二次来就为我准备冰柠檬水了。现在感觉就像在家里一样。所以我喜欢来这个餐厅。"

五

控制顾客的口碑

餐饮业是一个对顾客极为依赖的行业,因此,建立和不断扩大知名度和美誉度是每个酒楼追求的目标,可以说,对酒楼来说,顾客即市场。通常在酒楼建立和扩大知名度时,会采取做广告、建立顾客组织、举办营销活动等形式,例如在电视上或广播中插播酒楼的介绍、给顾客发放优惠卡、举行顾客用餐打折等优惠活动,这些手段虽说各有优势,可是却有一个很大的缺点就是成本太高,会损伤企业的经济利益。做广告,动辄成千上万;优惠打折,折的是酒楼的纯利润;印制了精美的优惠卡,顾客却到其他酒楼消费了,因为他们的优惠给的更多。那么有没有成本低、效果好的方式呢?这就是很多酒楼已经看"扁"了的"口碑建设与控制"。

很多酒楼是从顾客口碑中成长起来的,因为菜品味道独特、服务细心亲切,得到了顾客的赞誉,慢慢发展壮大。可是一旦企业成长后,反而认为口碑只对小贩小铺有用,大酒楼要用更加大气的营销手段,丢了成长的根本,这是大错特错。还有另外一个原因,认为嘴都长在别人身上,酒楼大了,口碑就混乱了,不能控制了,所以放弃了口碑建设。下面,我们就要来探讨口碑建设和口碑控制的问题。

要想做好口碑建设,最重要的是什么?是弄清楚口碑的基础是什么。口碑的基础是服务质量的提升。要想提升服务质量,就要找出服务质量容易出现问题的地方,主要有这五个问题,需要我们重点关注予以提升:①管理层对顾客期望服务的感受与顾客期望的服务之间的差距;②对顾客期望服务的感受转化为实际程序的差距;③酒楼的《操作手册》与实际操

第五章 顾客期望管理

作之间的差距；④酒楼提供的服务于酒楼对顾客的承诺之间的差距；⑤顾客感受到的服务与期望得到的服务之间的差距。只有解决好这些差距，口碑建设才是有本之木，才立得起来。

那么最重要的是口碑逐步建设起来后，能不能控制？如何去控制？我们说，只要合理地控制口碑的受众对象、口碑的传播方式等是可以有效控制口碑的。那么具体做法有哪些呢？

1. 控制口碑的受众对象

对于酒楼来说，口碑怎么才能事半功倍地建立起来并转化为实际消费能力？一定要掌握好三种人：首先是顾客群中的**意见领袖**。这点比较好理解，例如某个公司的老总，在意见上具有绝对权威，那么和他建立良好的关系，就为酒楼在他的团队中赢得了好的口碑；其次是顾客群体中的**信息守门人和倡导者**。北京喜来登长城饭店每年营销部做的很重要的一项工作就是组织"秘书节"，为各大公司的秘书过一个简单而又热烈的节日，让秘书们充分体验到自己被尊重的感受。为什么长城饭店这么重视企业秘书？就是因为秘书是一个企业信息的守门人或倡导者，她的一句话往往就会改变一个决定，赢得一个顾客；最后是**消费者替身**。例如麦当劳餐厅经常组织员工去社区为孤寡老人做清洁、给社区的儿童教舞蹈、与孩子做游戏，为什么？因为麦当劳的战略之中有一点就是"做社区的好邻居"，这点为什么要写进战略里面？因为社区的居委会等等组织恰恰就是这个社区消费者的替身和代言人，你在他们那儿的口碑上去了，还愁顾客不上门吗？

2. 口碑必须言之有物

口碑，口碑，先有口才有碑。但是那么多的信息，让顾客说什么？传递什么？树立什么？要凝练成一句话，这句话要朗朗上口，要易记易区分。例如中国首家汤文化药膳特色餐馆名店——南京云鹤养生餐馆，就以"吃出健康、吃出美味"作为口号，对每一位前来就餐的顾客提供个性化的营养调理方案,并有中医权威专家全程做指导,赢得了良好的口碑。当然口号的着眼点不仅仅是菜品本身,近期卫生就是一个新的关注焦点,那么也可以围绕卫生来做文章。同样的,提倡节约、创建和谐餐饮文化也是一个亮点。济南有一家餐馆就响亮地提出"顾客打包有理,酒店深表谢意"的餐桌新口号,引导顾客适量消费、适度点菜,提倡、鼓励顾客"打包",以减少和杜绝浪费,深受顾客的赞誉。肯德基也是一样,在洋快餐大受抨击的今天,肯德基却越来越火,并没有受到攻击,还有很多顾客把它和洋快餐分开对待,这不仅因为肯德基的产品发生了方向变化,而且也和它提出的口号"新快餐因为中国而改变"有紧密的关联。

3. 口碑要多渠道建立

口碑不能仅仅依靠顾客口传,这样理解太过狭隘,口碑需要将顾客组织化并利用更多的信息渠道传播开来。北京著名的藏餐吧玛吉阿米的口碑极好,为什么?因为受众对象单一,玛吉阿米的动人传说吸引顾客,口碑的建设被物化到一个美丽而又多情的传说上,但是玛吉阿米并未停留在此,而是进一步促进口碑的发展,将顾客潜移默化的组成一个以玛吉阿米为中心的藏族文化俱乐部性质的组织,并将顾客的留言结合西藏的风情编辑出版了一本图书——《玛吉阿米的留言簿》,很受客人喜欢,不仅丰富了玛吉阿米的形象内涵,还为餐厅带来了利润的新增长点。除此之外,很多酒楼利用网站建设,将信息传递给更多的潜在顾客,信息传递的越多,口碑建设越有利,同时网络也是口碑控制的一个现代化手段。

总之,口碑是酒楼永远应该关注的营销手段,并应该不断地加以建设,通过良好的控制方法,使口碑不断转化为实际消费能力,为酒楼创造更多的效益。

第五章　顾客期望管理

让我们的服务具有感召力

中国的餐饮业面临着全球市场的竞争，不仅仅是快餐，更多的国际品牌进入中国，使中国的餐饮市场进入百花争艳的时代。如何才能更好的和国际品牌竞争？不外乎在三个方面：硬件、软件和服务。这是国际通用的产品分类方法，服务是单独在软件之外的，这里的软件主要是指凝聚知识含量的标准，我们需要仔细分析这三个方面的优劣势，以确定如何走出一条中国餐饮酒店服务业的突出重围之路。

在硬件方面，外国的先进餐饮企业配合西餐易于定量、烹制方法简单的特点，已经定制开发出很多全电脑控制的机器设备，把西餐的标准化和一致化推向了更好的境界；也正因为如此，在标准方面中西餐有着不可调和的矛盾，因此中西餐企业在标准方面可谓不分高下，彼此的发展方向不同。剩下的就是服务。在服务方面，我个人并不完全赞同中国企业向外国企业直接学习，中国的服务应该体现东方的文化，和外国服务以规范化、热情化为主要特点的风格不同，我们的服务文化应该是东方人细腻的、情感化的服务。也就是说不仅仅是体现服务的规范，服务的规范可以说更加有利于管理，而不是更加有利于服务，好的服务应该具有感召力。

永远微笑、职业用语、语调轻柔、有求必应……这些特质确实都是优质服务的表现。但是可以说，从另一方面来讲，完全的规范化的服务和模式，是死板而令人沮丧的，无形中拉开了企业和顾客的距离，让顾客对企业的最终利润目的保持警惕。就算中国古代的店小二，和顾客之间的殷勤而亲切的感觉，都表现出人与人之间的具有感染力的情谊，而不是像现代企业那种笼罩着光环的但却是人与企业打交道的那种冷冰冰的感觉。而对服务的感召力的需求恰恰是顾客期望的综合体现。

充满感召力的服务,在本质上,强调的是在服务的互动过程中,员工由心而发的真正的热诚和关怀。它应该包括三个重要的因素:

1. 热情

富于感召力的服务首先是热情的服务。热情,并不代表情绪激动,语调高昂。在行业里曾经有个例子——"三声问候导致投诉",原因就是虽然服务人员在客人进门时、落座时、离开时都得到了服务员的问候,但是客人却向酒楼经理反映服务员态度漠然,机械问好,让人心里不舒服。

热情的力量可以溶解规范服务的僵化。笔者曾经在一个酒楼用餐,出门的时候已经开始下起小雨,门口的引领小姐异口同声地说:"谢谢光临,先生,请慢走。"我不禁苦笑了,扭头跟她们说:"还慢走,再慢点就成落汤鸡了。"而充满热情的服务员会这样跟客人说:"夏天多雷阵雨,要不您等雨停了再走。"然后给客人一杯水、一份报纸,客人会觉得比规范的职业语言更加受用于心。

特别提示

真正的慷慨不是把你不需要的东西舍弃给别人,而是为了别人你可以舍弃你最喜欢的东西。

热情是在心中涌动的能量,它来自于企业对待客户慷慨的理念。这种慷慨不是简单的给顾客让几分利、打个折扣,而是如何体现"当有顾客时,我是最关注他的人"的理念。2006年德国的世界杯让世界对德意志民族肃然起敬。哪怕是在德国队进行比赛时,现场维持秩序的警察都是一致背对赛场,认真履行自己的职责,不偷看一眼比赛。而事实上,很多警察都是狂热的球迷。这就是真正的慷慨,不是把你不需要的东西舍弃给别人,而是为了别人你可以舍弃你最喜欢的东西。同时,这也是热情服务的精髓。

2. 创新

创新是指在传统的优质服务或经验中探寻新颖和独特的东西。创新的服务能让企业在激烈的竞争中同其他对手区分开来，给客户留下深刻而美好的印象。

创新应该着眼于服务细节，不要总想着做大事。北京眉州东坡酒楼的菜品深受顾客喜爱，很多顾客喜欢多尝几个菜或者把离家近的眉州东坡酒楼当成了"私家食堂"，顾家爱菜品打包，可是传统的餐盒往往容易漏洒汤汁。眉州东坡酒楼专门寻找了十几家餐盒供应商，最后敲定了一种材料环保、规格多种、密封紧实的餐盒产品，并且可以在微波炉里直接加热，方便顾客回家食用，也避免了刷洗的麻烦。虽然成本比传统餐盒高了几倍，但是每当顾客满意的打包离开，还一路称赞眉州东坡酒楼餐盒的实用性，眉州东坡酒楼为顾客着想的口碑就更广的传播开来。

3. 动人

富有感召力的服务能以一种支持与客户结合的方式触动你。在与客户近距离的接触中，通过沟通，了解客户真正的想法，及时调整服务的内容和方式。不仅是吸引他们的注意力，还要激发他们的情感，让他们对你的服务产生主动的反应或自然而然地被引导。

长城饭店作为中国最早的五星级酒店获得了良好的声誉，有它的过人之处。就拿客房餐饮预订处的莫尼卡来说，她能够在第二次接听顾客的电话时就准确地称呼出顾客的名字。有一天，阿拉伯银行的林先生打过来电话要订餐，莫尼卡从他的声音里听出了不高兴，分析可能顾客办事情不顺利，于是就让厨房加快了烹制速度和送餐时间。大约十几分钟后，林先生从房间里打来电话，原来他今天去天津办事很不顺利，但是能在十分钟内享受到可口的晚餐，他对莫尼卡表示感谢。而逢到经营旺季或者送餐高峰时，顾客打过来电话催促，莫尼卡从不向客人强调酒店如何如何忙不过来，而是说我们饭店的生意特别好,请大家为我们饭店的生意兴旺祝福,这样的话语往往能够得到客人的同情和理解,即使再等一段时间也不抱怨。正是因为莫尼卡坚持了她的悉心服务,才取得了打动人的效果,和很多顾客建立了深厚的感情。

上面这个例子很好地证明了这种方式使员工与客户之间建立了亲密的关系,客户通过没有障碍的沟通,了解到企业对待客户的真诚。要知道你的服务不仅代表了酒店,更重要的代表了你自己。

服务业发展了这么多年,将真正的展翅高飞,冲破僵化、规范的藩篱,让人性在服务的舞台上翩翩起舞。富有感召力的服务将为你打上炫目的追光,让顾客得到难以忘怀的服务体验。

请您思考

1. 请说出市场细分的过程。
2. 什么是服务感召力?在您的餐厅可以如何去实施?

| 第六章 |

服务文化的魅力

文化不仅仅在于您做事的内容,而且还在于您做事的"方式"。这是形之于内,表之于外的人生态度。

——喜达屋服务文化

我们的信念：服务文化

文化不仅仅在于您做事的内容，而且还在于您做事的"方式"。这是形之于内，表之于外的人生态度。

人才决定成败

客户会注意到我们的创新设计、营销方式和产品，对与我们员工的交流，他们更会记忆犹新。每一职位的员工对客户的整体体验都很重要。客户们欣赏的酒店是员工们为在这里工作而感到自豪！在员工的微笑中、在他们热诚的帮助中、在他们对客人需求的理解中、在他们超越期望的不懈追求中，我们的客人可以看到他们的自豪之情。

改变的机会

作为喜达屋团队的一员，每个人每天都会有特别而有利的机会，对我们的客人和同事的生活带来积极的影响。真正的服务文化不是短期内速成的，也不是单方面的行为，那是在与我们的客人和同事的每次交流中不断地奉献，表现出无微不至的关怀。我们的领导身体力行地支持与培育这一文化，我们的经理巩固这一文化，我们的员工与其息息相通——每一天。当您融入这样的氛围中时，会"感到"充满激情、朝气蓬勃。每天都想有所作为，创造新意。

良好的业绩

立足于强大的服务文化，不仅可令同事和客人获益，还将有助于提高我们的运营业绩。服务文化不仅是销售服务，更致力于发展关系。正是通过我们的诚信、勤奋、善解人意和无微不至的态度，我们才在企业内外建立了互相信任的关系。

——喜达屋服务文化

喜达屋的服务文化不是唱高调，对于一个企业来说，服务质量的提升除了很多细节方面的东西之外，根本在于这个企业信奉的是一种什么样的服务文化。喜达屋服务文化是一种境界，考虑到了服务文化的方方面面。这种把文化内化于心并且和员工的行为与人生态度结合起来的做法，体现了企业文化的深刻内涵。

一

企业文化的含义

很多企业津津乐道于自己搞了多少文艺活动、技能比赛或者是定期板报,认为这就是企业文化了。我们不可否认这些行为在企业文化建设中的作用,但对于推动整个企业的凝聚力、竞争力和利润增长来说其作用是微乎其微的,这些行为只是企业文化的一种外显而且是很少的一部分外显,真正的企业文化是企业的价值观,并包括根据这种价值观派生出来的思维方式及在这种思维方式引导下展现的企业与员工的行为。我们可以从三个层次来理解企业文化:

员工的一切都有规矩:
备餐柜内物品分类摆放

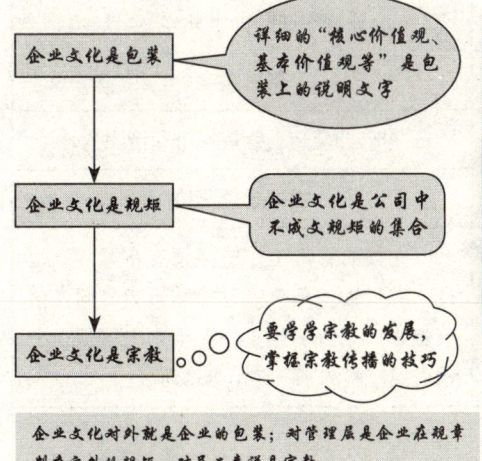

员工的一切都有规矩:对讲机集中充电

企业文化对外就是企业的包装;对管理层是企业在规章制度之外的规矩;对员工来说是宗教

而对于我们餐饮企业来说，企业文化有很大一部分是表现在我们的服务文化上。一个追求基业长青的企业有它的超越了单纯盈利目标的追求。伟大的管理学家吉姆·柯林斯说过："每个伟大的企业都有一个超越赚钱的目的。迪斯尼是让人们快乐，惠普是做出技术贡献，而通用电气则是为世界培养 CEO。"这个超越赚钱的目的就代表了价值观。

在中国，成功的企业都有符合自己实际情况的企业文化，青岛海景大酒店的企业文化形成的较早，我们特意选取了其中服务文化的部分作为范例：

青岛海景大酒店企业文化提炼表

服务品牌	价值观念
情满海景	真诚回报社会，创造民族品牌
酒店宗旨	经营理念
创造和留住每一位顾客，把每一名员工塑成有用之才	把客人当亲人，视客人为家人
海景精神	海景作风
以情服务，用心做事	反应快，行动快
质量观念	管理定位
注重细节，追求完美	管理零缺陷，服务零距离
管理风格	制胜法宝
严中有情，严情结合	用信仰塑造、锻炼一个和谐团队
优质服务成功要诀	做事成功要诀
热情对待你的顾客 想在你的顾客之前 设计满足顾客需求 让顾客有一个惊喜	完整的管理工作链必须有布置、有检查、有反馈。凡事以目标结果为导向，事事追求一个好的结果。无须别人催促，主动去做应做的事，而不半途而废。

二　服务文化的力量

服务文化的塑造，有助于形成"上下同欲"的和谐氛围，通过制度构建、文化熏陶，促进全员服务质量的提高，从而有助于构建服务品牌。这显然是超越了管理、人力、技术、资金等等企业经营要素的另外一片天地。但是建设服务文化，必须创新服务内容，而这个服务内容是有具体的落实点的。这个落实点必须能够支撑起企业的服务文化，它的根基是一群和企业有着共同长期目标的员工，并且不断地按照服务文化的要求为每一位顾客的每一次光顾灵活地提供优质的服务。我们可以麦当劳的服务金字塔为例来更好地加以理解：

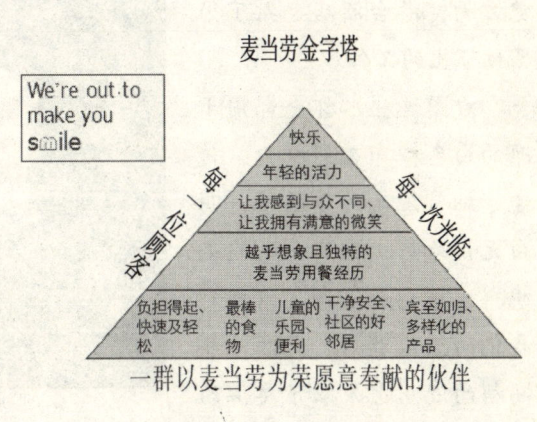

麦当劳金字塔

服务文化形成了一定的氛围之后，一定会表现在服务的精细化方面。所谓"精细化管理"，就是将管理覆盖到服务的每一个过程，控制到每一个环节，规范到每一项操作，精细到每一个方面。精细化管理是一种意识，是一种"以顾客为关注焦点"的原则反映。但是同时，精细化管理倡导的又不是"服务过剩"，而是以最直接的方式、最简单的方法、最简洁的原料体现对顾客最需要的关怀。

香港和台湾的酒店业有自己的风格和特点，其中东方人的细腻体现得非常明显。这种细腻予以程序化，并持之以恒，就成就了港台酒店精细化服务管理。具体说来，港台酒店的精细化服务管理体现在如下几个方面，我们通过案例来进行详细的了解：

1. 卫生的"洁净感觉"传达

在大陆加强了卫生等级量化工作的同时，港台酒店已经将关注焦点更多地集中在环境和卫生工作的和谐方面。台湾最近一直倡导"餐饮无油烟"运动，并且设立了"餐饮业油烟减量辅导协调会"，邀请业者深入了解各项污染的防治工作；而对应这些工作倡议，澎湖很多酒楼酒店积极安装烟气滤网、过滤棉或挡板等过滤设备，并定期清洗滤网或更换滤棉，以保证烟气的净化。同时举一反三，在垃圾分类和油脂处理方面也有很多有效的措施。

单纯从顾客对洁净的感觉方面，港台酒店也做了很多细节化的工作。

右图这些水杯全部用干净的白色口布盖好杯口，传递了细节卫生的重要性，明白无误地告诉顾客——我们想得比您自己还细，请您对我们的卫生放心。大陆一些高档的酒店也采取了类似的纸质一次性杯盖，在环保方面还是一个不小的资源浪费。

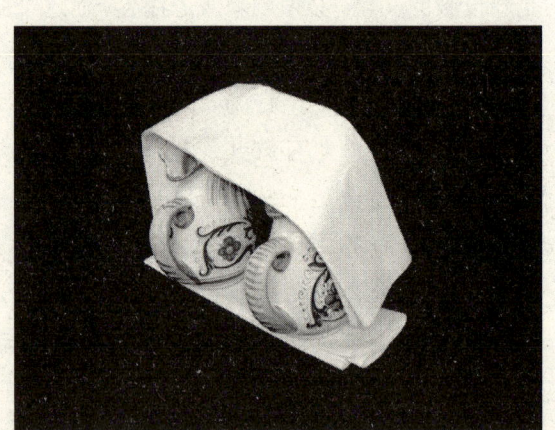

盖好口布的水杯

2. 服务标识信息明确

在香港的酒楼，很看重服务信息的标识，因为它传达了服务信息，既方便了服务人员同时也方便了顾客，促进了服务效率的提升。就拿茶壶来举例子，大陆很多酒店的茶壶都是一个式样，也看不清楚里面到底是什么，不知道是菊花茶还是碧螺春，但是香港的这家酒楼就用梅花形的茶壶盖圈

第六章　服务文化的魅力

茶水不同，标识不同

台湾涵碧楼

涵碧楼的插花

清楚无误地表明了这是一壶什么茶，服务人员既不会拿错，顾客也可以有选择的自己斟倒。

3. 环境装饰体现"静、雅"的自然观

台湾知名的酒店涵碧楼位于台湾南投日月潭边，原是蒋宋行馆，目前成为台湾最贵的度假饭店。它的装修倡导了整体空间概念，展现出"涵碧楼"是座独一无二特别量身订做的国际饭店；同时充分以融和的手法来展现具有未来性的建筑风格，被称为"On going style"，意即"前进的建筑样式"。所有的装修和自然相互融合，成为自然环境的一部分，并且全部面对日月潭的湖水，把顾客都带到了自然之中，让人感觉不是在酒店而是在大自然中行走，在被自然所拥抱的同时，又可体会到酒店利用花枝、漂蜡、河塘、游鱼所营造出东方禅意的静态之美。

从环境内的插花上来说，不像大陆更多使用大型绿植或者插花，而是以小博大，以精致成为室内的亮点。

他们做的是使插花成为一个微型的景观，使用了较少的鲜花而利用了能够长期使用的一些石头、模型静物,既达到了鲜花的效果,也节约了成本。

4. 对可服务设施功能集成

大陆的一些酒店,有很多高档的服务设备,可是顾客仍然觉得不方便,为什么?分散是一个主要问题。香港的酒店酒楼集成性做得很好。就拿洗手间的设施来说,如图所示,小小的一个洗手池,上面是洗手液,冲洗后,旁边是抹手纸,纸盒下就是废纸箱,扔掉之后旁边就是烘手的热风,让顾客很流畅地完成一次洗手的享受。所以,可以说这种集成是以顾客的方便感受为出发点设计的,而不是像有些酒店是以给酒店撑门面的豪华感觉为出发点的。

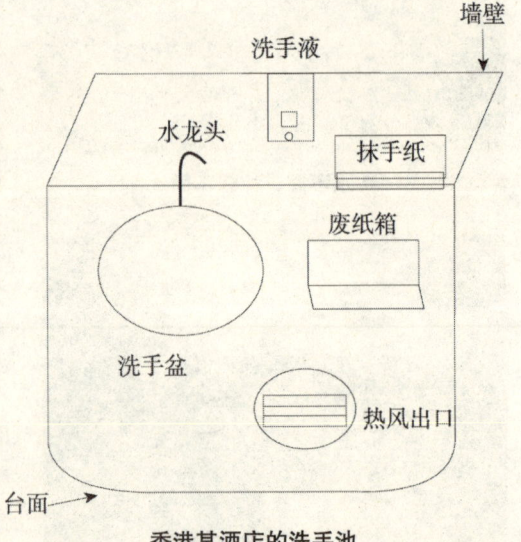

香港某酒店的洗手池

5. 培训贯穿细节

培训是酒店质量生命的强壮剂,培训必须得到有效的控制并贯穿全部环节,否则被忽视的环节必将出现问题。港台大多数酒店在培训方面都很注意,采取了培训四步法进行培训,同时注意现场教学。左图就是酒店正在进行磨地板机的使用训练,酒店先给每位员工发放使用程序单,然后示范讲解,再由每一个员工进行演示,教练进行现场的修正,保证了培训的顺畅和有效。

6. 因地制宜、因人而变的服务规范

服务规范是死的,顾客需求是活的,我们永远都应以顾客需求为最终参照标准。下图就是一个

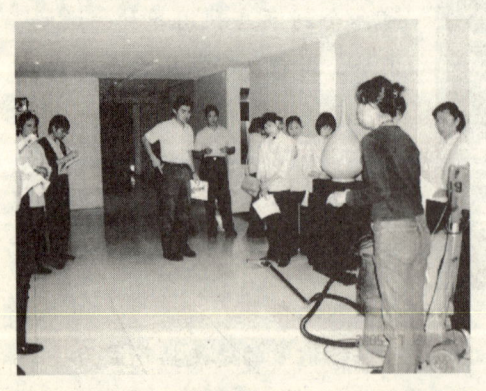

培训现场

第六章 服务文化的魅力

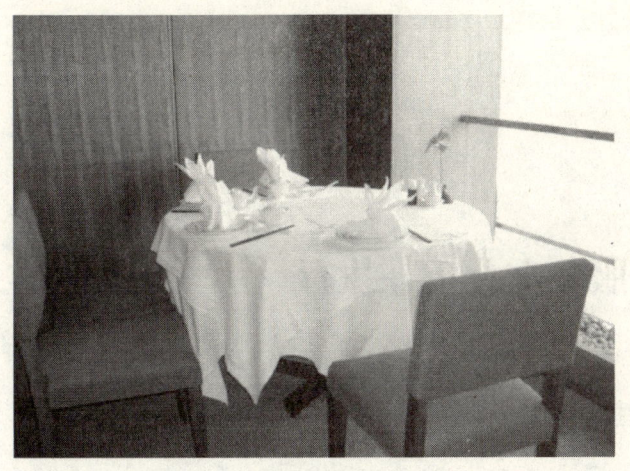

靠窗的餐台

好例子。为了让顾客看到外面美丽的景色，靠窗子的台面只摆了三人餐具，靠窗户的一面空了出来，此餐桌的餐位不是均分的，保证了顾客在用餐的同时欣赏自然的美景。这是典型的照顾顾客需求、灵活运用服务规范的例子。

7. 完善的动线管理

动线在酒店里有很重要的地位和实际意义。不仅是员工的动线，还有顾客的动线，不能交叉，不能绕远，否则不利于对客服务，也不利于资源节约。港台酒店从吧台设计来说都很科学。一般两边都可以进入，视野也非常开阔，可以引导整个厅面的动线。各种设备设施、水槽都符合流程的需要，避免了动线的交叉。

总之，精细化管理来源于对细节的关注，来源于一切从顾客需求出发的原则。老子说："天下难事，必始于易；天下大事，必始于细。"让我们发现一切值得借鉴的细节，把酒店的精细化管理做好。

吧台动线

服务文化重在执行

1. 执行力的资源基础

专家视点

执行力不是单纯的技术改进，而是企业资源的综合推进。

执行力是个很奇妙的东西，很多执行力的课程被开发出来，但是课堂上激情澎湃，游戏做得印象深刻，可是课后执行力提升没有呢？恐怕在很多酒店效果是体现的很差的。那么我想执行力其实更多的是一种综合推进，而不是单纯的技术改进，执行力究竟如何，最重要的是看企业中为执行力创造的各项资源。资源包括的比较宽泛，通常我们从人力、设备、物料、流程、环境和信息等方面来加以细分。

人力资源是非常重要的基础资源，一批合适的中层是体现执行力的重要环节。如果没有合适的中层经理，没有职业化、没有敬业心，那么任何执行都是难以实现的。

而设备和物料是执行力的物质基础，也体现了财力的支撑。任何改革和推动都是需要成本的，尤其是酒店的改革很大一部分是逐渐缩减服务过程中人的因素，增加物的因素，因此，设备和物料也是非常重要的资源。

流程就是酒店很热衷搞的《操作手册》。这一点本身是没错的，是必须的，但是很多酒店尤其是转型提升期的酒店，员工的文字水平是比较弱的，所以就造成了**员工写不出来→照抄经典酒店文本→和实际运作两张皮→员工认为《操作手册》无意义→酒店认为员工差的恶性循环**。

第六章 服务文化的魅力

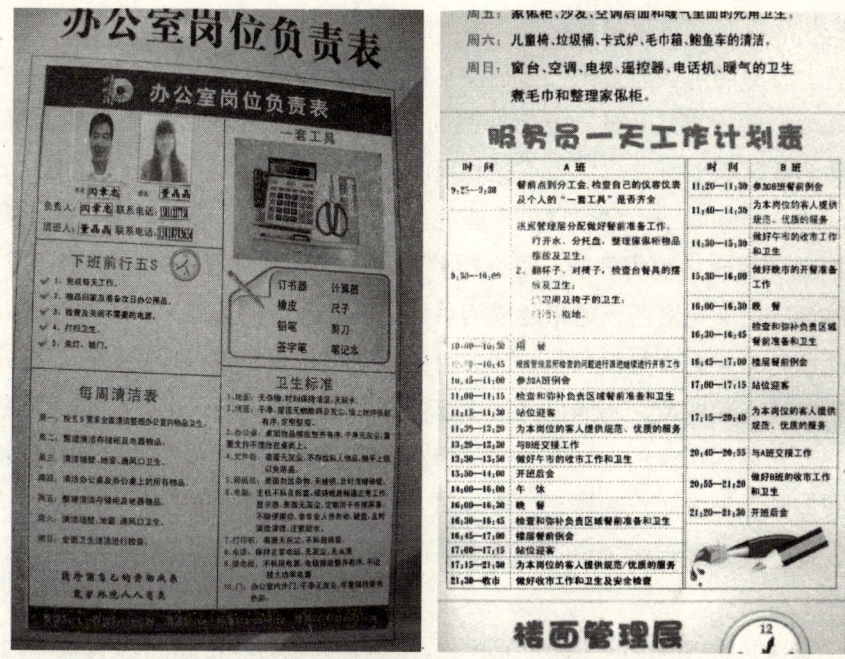

旺顺阁清晰明了的岗位职责展示

环境是一个酒店的软性"福利",尤其是现今酒店"80后员工"的增加,使得酒店的人文环境、人际关系、工作快乐程度成为酒店非常重要的执行资源。

信息越来越需要共享,没有信息共享,老板和中层的距离越来越远,中层和基层的距离越来越远;人是越要越多,活是越干越差。有的时候,执行力差,是因为信息传递方面出现了很大的问题,而不是单纯的效率问题。

2. 执行的文化、战略与流程

那么话又说回来,之所以造成各项资源不能配合执行力,有没有什么更深层次的原因呢?我想,在执行力提升之前、在各项资源能够逐渐配合之前,最重要的是做好三个执行——执行文化、执行战略、执行流程。

很多酒店是没有自己的文化的。但是执行是文化的执行,文化是执行的文化。没有文化就没有执行,因为两者密不可分,执行即文化,文化即执行。有的酒店认为文化太玄,没有什么意义和必要;有的酒店又认为文化是要一朝一夕累积的,没有办法确立。这是两种偏向性很明显的误解。任何企业都需要有文化。只不过表现的形式在不同阶段有所不同。所以酒店需要总结和归纳,提炼自己企业的文化。当然,有一些是不明确的,我们把它提炼成比较明确的、符合行业特点的、达到顾客需求的明确内容。有些酒店的文化之所以越来越成为口号,在于提炼的偏差,而不能说企业文化就是口号、就是没什么实际作用的。这就好比世界上有假和尚、有打着佛教名义骗财的,不能说佛法出了问题,出问题的是人心。一个酒店的文化要和酒店所处的地域、地域的历史、今天的状况等等结合起来,而不仅仅是一种服务要求的体现。要知道企业文化不是换了一种形式的员工守则,而是企业如何表现自己的境界,吸引那么一批有共同理想的人一起达成企业目标。

其次是酒店的战略。酒店在企业发展方面的战略和目标,不要好高骛远,不要脱离实际的生搬硬套,而是一步一步稳扎稳打的去搞基础。那么这个战略不是谁拍脑袋想出来的,如果是这样的,那么谁想出来的最终结果就是还得谁自己去执行。酒店的战略要靠群策群力,最起码要中层一起总结。每半年做一次中层的工作述职和回顾,然后回顾半年工作战略和目标的完成情况,然后中层分成几个小组,酒店根据状况分析可以提出几个方面,比如经营方面的、学习方面的、顾客服务质量方面的等等,分别由每个小组自行讨论总结,然后每个小组派代表用PPT演示,最后合并同类项,把文字进一步精炼,就成为企业新的半年度战略。然后根据战略,财务中心再有数据、有分析的提出每个部门的具体分解指标,这样大家才能有个共同认识,有了共同认识才能有认真执行。

再次是流程。流程很重要,但是更重要的是流程如何和实际相结合。酒店《操作手册》解决的第一步问题是通过流程保持执行的一致性;然后在督导和运行的过程中发现不足,持续改善。一些酒店编写流程不好的倾向是:增加节点、增加控制环节、增加报表,而不论这些是否必要。只是这样做了,流程很好看、文本很厚重,但是恰恰干扰了执行力。

第六章 服务文化的魅力

最后我想再说说督导的问题。督导是执行提升的重要手段。有了文化就是有了执行的氛围；有了战略就是有了执行的方向和衡量的标准；有了流程就是有了执行的手段。如果说文化是土壤，战略是温度和湿度，流程是养花的方法和肥料，那么督导是及时的松土、施肥、浇水。没有督导是开不出美丽的执行力之花的。督导不是督导部的督导，是行政办的事项催办、员工大会承诺的监督落实、督导的日常检查、顾客意见的认真分析、员工满意度的综合评价等等因素共同组成的。

总之，执行力不是培训能够提升的，要依赖于酒店的文化、战略、流程，同时要有督导体系的促进和催化，专注重复，持续改善。要记住：**不要为得不到100而放弃，那样的话，结果只能是0，而每天多做一点点，每天进步一点点，就会做到0.1>0！**

佛教文化对服务文化的启示

佛教从来都是一个入世的宗教。佛教的根本观念之一是：拯救众生。我把它理解为一种服务——我们应该服务于众生，而为了服务于众生，我们必须置身于滚滚红尘之中。

作为管理者，我想首先要学习的是佛教的因果观。因果观把因果分为几种层次：①有因必有果。②有善因得善果，有恶因得恶果，不同的原因导致不同的结果。③一果非一因，一因非一果。一种结果（问题）可能不是一种原因导致的，同样的，一个原因可能会导致不同的结果。④善有善报，恶有恶报，非是不报，时候未到。有什么原因必然会导致什么结果，但是有可能是不同步的，结果会在不同阶段显现，而并不一定是这个阶段的原因导致的。所以，管理者最重大的工作应该是分析。分析什么？分析问题、分析前景。我们必须不断地去思考，思考问题的原因，弄清问题的根本原因，从而真正地解决问题或者引导企业前进。

在这里，我们应该规范一下鱼刺图的使用方法。鱼刺图是非常有效的分析问题根本原因的方法。它指向的是问题的表象，六根主骨分析的是六大资源方面的

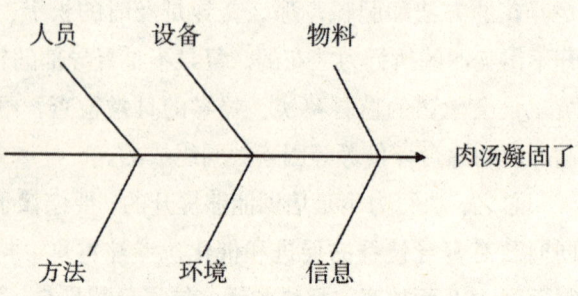

问题（见右图）。例如顾客反映当天的东坡肘子味道不好，上桌的时候菜的肉汤已经凝固了：

那么我们要接着在支骨上面分析，比如人员是不是受到过正规的训练、技术力量的安排有没有问题；设备上可能灶的火力不够，可能没有盘子加温器；物料方面可能肘子皮质过多；方法方面可能最新的操作标准没有下发；环境方面可能传菜路程过长；信息方面可能做好了之后人员传达不到位等等。什么时候在六个方面都分析到不可再分的时候，就是分析到了根本原因，我们只有针对根本原因选择解决方法，才能彻底解决问题。

弄清事情的根本原因的目的是为了解决，就像是佛教的信仰是为了行动一样。如果一位佛教徒，每天念经，经常布施寺庙，可是却不愿意在自己力所能及的范围内去帮助别人，那么他不是一位有信仰的人。所谓信仰，是执著于某一种思维方式，并且身体力行。佛祖曾经教育我们，要"法四依"，即：**依法不依人（依佛法，不依人），依义不依语（依精神实质，不依怎么说的言语），依智不依识（依智慧不依现象），依了义不依不了义（依彻底义，依究竟义，不依灵活运用的方便义）**。

这个"法"是什么？是思维方式、是方法、是制度。佛教的思维方式就是众生平等（双方的关怀平等，双方的利益平等），在平等基础上才有真正的尊重和理解。在方法上就是叫"不二法门"（任何双方其实是一个整体，利益不二，共生共存不二）。那么管理者应该把它物化下来，体现在制度上。

第六章　服务文化的魅力

制度是尊重人的、理解人的，就会在根本上成为企业的"法"。如果你的制度是不合理的，就不能够被有效的遵守，当然，没有制度，也是不如法的。

用佛法的警语让员工发自内心的节约

这个"义"是什么？是精神实质。换而言之，就是以各种表现形式体现出企业对人的尊重。我们酒店行业经常举的一个例子就是：某天一家酒店正在开班前会，来了一个早到的客人希望就餐，结果没人答理他，因为领班正在前面讲解"以客为先"。还有一个我自己的亲身例子：当我离开眉州东坡餐饮管理集团的时候，虽然公司的高层都很不理解，也不希望我离开，可是他们尊重我的选择，并且班子全体成员挤出时间凑在一起为我开欢送宴会，然后拿出一个精心装裱过的镜框，里面是班子成员每人为我写的一句话。这种以人为本的精神实质比任何语言都更有说服力。从另外一个角度来说，特别是针对犯错误或者有错误倾向的员工来说，不要首先想"因为他们怎么怎么样"，而是要思索"我们有没有怎么怎么样"，也就是说不是因为员工贪婪或者懒惰，而是企业有没有提供一条达成目标的道路或者方法。

这个"智"是什么？是智慧。智慧来源于什么？佛经上说得很明白："**因戒生定，因定发慧**"。佛教的创始人释迦牟尼在临终前告诫我们：他活着的时候，是"以法为师"，他去世了，就要"以戒为师"。这个戒我理解的首先是"身教"。管理者自身做得如何？我们是不是把自己放在和员工平等的地位上去工作、去说话、去执行制度？任何时候都不要有管理者的优越感，而是服务。在这之后，我们争取创造"无我利他"的局面。我们倡导淡化自我，更多的考虑对方，并且付之于行动。在现实社会里，我们达不到理想的状态，但是最起码要考虑对方的立场然后规范自己的欲望。在企业里面，员工和老板应该相互为对方考虑，老板应该想到员工付出的辛苦和功劳，要尽量给予他们回报，员工应该感谢老板给自己一个学习进步、发展事业的平台，相互感恩，企业就是和谐的。企业和谐了，就是安定。企业安定，人心稳定。

这个时候就能产生良性互动，就能创造大智慧，就能推动企业的发展。

这个"了义"是什么？我理解就是事情的根本解。我不排斥"症状解"。一个人生病了，发高烧，要先解决退烧的问题，再研究为什么会发烧。如果单纯研究为什么发烧，等研究出来了，人已经死了，就没有意义了。所以我们佛教有方便义，就是可以便宜行事，但是最终还要回到究竟义上。所以提醒了我们管理者，不是最新的、最玄妙的理论就是最适合自己这个企业的，而且任何管理方法也不是一成不变的，或者管理方法本身不断调整、优化，或者不同阶段采取不同的管理方法，或者使用多种方法的组合。那些寄希望于请教一个专家、得到一条妙计，企业就成凤化龙的想法，在佛教看来就是"镜花水月"。

最后，我想说到"空"。佛经说："空即是色，色即是空，空不异色，色不异空。"这个空不是仅仅指虚无，这个色却有时指的是人的看法。作为管理者，尤其是遇到危机时，应该思索上面的话。我理解的**"空"有的时候是指事物的两面**，也就是说危机里蕴涵有机会，管理者能不能把这个机会从危机里剥离出来。在那段危机四伏的"非典"时期里，很多商家被迫停业了，眉州东坡经过认真分析自身的现金流情况（**财务**），保持和政府的高度沟通（**对外**），采取对员工负责任的态度和方法（**对内**），终于顺利渡过那次危机，不仅每天坚持营业，而且还创造了很多有利于健康的新菜品，最终保持了企业略有盈余，更重要的是扩大了企业市场份额，赢得巨大的商誉（**危机转化结果**）。

佛法不是迷信，它研究宇宙的规律，希望人类能够"自觉、觉他、众生普度"，在经济组织里、在经济运行中学习佛法，必将会开创管理的光明前途。

菜单是企业文化的重要表现载体

菜单对于餐饮企业来说具有异常重大的意义,菜单是一家餐厅的经营方针的综合反映,标志着餐厅经营的特色和水准。菜单指挥生产,同时也决定了员工资质需求,直接影响到成本、资源与能源的消耗状况,因此,菜单设计就成为餐厅经营的重中之重。那么将一些常见的菜单设计的错误加以归纳,并在实际设计过程中加以规避,将有助于我们设计更为合理和有效的菜单。

通常菜单设计的错误包括:

(1) 菜单不能反映餐厅的经营目标

突出的问题是反映出餐厅经营的目标顾客市场模糊,不知道或者没有通过菜单表现出餐厅是针对哪些消费群体的。例如菜单中的菜品选择高中低档参差不齐,所有菜品平均对待,主要特色菜不突出,主要获利菜品也不突出,让顾客无从选择。

(2) 菜单发送的信息比较模糊

例如有的菜单上没有餐厅的简介,让初次消费的顾客一头雾水;有的菜单上高档海河鲜仅标明"时价",顾客不知道具体价格,为了避免挨宰,只好不点这些菜;有的菜单上的菜名美则美矣,不知道主料辅料,更不知是否忌口,让客人都倍感麻烦。

(3) 菜单开合翻看不方便

有的菜单封皮采用金属、皮革、木板等材质,追求厚重、高档的感觉,但是拿着很沉又不便于顾客开合翻阅,反而让人感觉华而不实。

（4）菜单内芯形式大于内容

有的菜单内芯设计华丽，不相关的图片很多，底色也很抢眼，但是最重要的菜品图片、菜品简介、价格等却很不明晰，大有舍本逐末的感觉。

（5）菜单的菜量过多

通常一个餐厅的菜单菜品数量视规模在 80～120 道之间，视餐厅的主要客源需求设定不同菜类的比例，有的菜单为了追求丰富性，动辄 200 多道菜，结果长此以往菜品制作质量难以保证，餐厅备货也出现很大问题，反而影响了餐厅的声誉。

（6）菜单中菜品分类混乱

有的菜单菜品分类过细，先是凉菜，再是热菜，结果又分了山珍菜、锅仔菜，最后又有蔬菜类、豆腐类、小吃类、汤羹类菜品，分类标准很混乱，而且不便于顾客选择。

（7）菜单的材质选择与餐厅氛围不相符

例如一家高档餐厅却选择了塑料菜单，一下子就降低了档次；而有的餐厅装修氛围是金碧辉煌，菜单却选择竹简造型等山野情趣的，让人难以接受。

那么针对这些常见问题，我们怎么去规避呢？通常菜单设计的注意事项包括：

（1）始终明确设计菜单的三个理由

①菜单可以增加顾客的需求量；②菜单可以增加贡献差额；③菜单可以为餐厅创造较大的市场占有率。在这三个原因的基础上再考虑菜单中具体菜品的选择。

（2）营销策略和计划产生菜单

首先要明确餐厅的目标顾客市场，才能有针对性地设计菜单，要明确目标顾客的喜好和消费层次，菜单设计才有的放矢。

（3）菜品确定之后，要明确菜单的版式

通常可以这样设计菜品顺序——特色菜、凉菜、禽肉类热菜、菜蔬豆腐类热菜、羹汤、小吃等，酒水和河海鲜另设计酒水单、海鲜单，既便于顾客选择层次丰富的菜品，又便于服务员记录，还保证时价材料可以随时更

第六章 服务文化的魅力

新价格；菜单的开合方式可以有多种样式选择，例如竹简式、折叠式、单页式、活页式等等，不一定拘泥于书本式；对于字的大小来说，通常菜单上的字不应小于四号字；菜单的画面不应该太多，否则会让人感到凌乱。

（4）确定菜品数量及比例

通常菜品的数量在菜单中的结构比例为——凉菜、热菜、小吃、羹汤在5：15：4：3左右，然后再视实际情况确定更细的菜品数量，但是原材料要尽量统一或靠近，以减少备货的压力。

（5）明确菜单定价程序

通常由厨师长制定菜单后，要编制每款菜品的标准配方，配方要包括主、辅、调料的名称和用量；之后采购部要出具主、辅、调料的单价，并报财务部计算出成本率；最后财务部出建议价格（三种），上报总经理确定售价。

总之，菜单设计是一个繁杂的系统过程，全面了解菜单的意义，事先规避菜单设计的常见错误，将有助于我们更加顺利地提升餐厅的经营管理。

北京大董烤鸭店菜单赏析

北京大董烤鸭店是世界闻名的一家高档餐厅，其掌门人大董先生除了在管理方面有自己独到的眼光和做法，在菜品研发方面更是可以说开创了中国餐饮文化的一个新篇章。

拿到大董的菜单，所有的客人都有眼前一亮、耳目一新的感觉。这本菜单是中国餐饮文化的良好体现，有很多方面值得推广学习：

一、整套菜单和大董烤鸭店的文化主题紧密相扣

菜单是什么？是一个载体。通过看一个餐厅的菜单，从技术角度来说，你能够看出这家餐厅的接待能力怎么样、菜品的技术含量如何、后厨的布局是不是合理、这个餐厅的目标顾客市场是哪个层次等等；而从文化角度来看，就是看这个菜单和整个餐厅的文化有没有一致性，它们之间应该是互相印证、彼此提升的关系。大董烤鸭店从北京贵族文化演变到皇家书院文化，离不开一个"文"字，那么在北京的两个店里的装修有宫廷的符号、有传统的符号，更有文化的符号。比如整齐的《四库全书》，比如包房里的词赋墙。那么这套新菜谱的主题是什么呢？——《风雅颂》，"风"是特色

菜，"雅"是主体菜，"颂"是酒单。风雅颂是什么？是中国历史上影响巨大的诗歌总集，来源于民间而高于民间，历代传颂，这就很好地配合了大董烤鸭店菜品来源于传统精髓但又经过现代提炼的定位，和整个餐厅的文化主体相和谐统一。

大董吧台

我想特别提到的是基色的选择。大董烤鸭店的基色是红、黄、黑，红黄是传统色彩，黑色是大成之色，这样才能压得住，有色彩的平衡。那么菜谱是什么颜色呢？银灰色。银灰色是新贵族的颜色，既不跳脱，又别有高雅气质，这个基色选择是非常准确的。

二、菜单充分体现了文化的集合性

翻开菜单，觉得有种中国文化的气韵在流动。为什么？开篇是《大董美食铭》。我不是不赞成从历史典籍里去找餐饮文化，但是很多餐厅的典故可以说毫无新意，更别提有的餐厅菜谱前后一看就知道是杜撰的一两个故事，根本无法吸引顾客。提炼自己餐厅或菜品的核心精髓，形成特有文化，这篇《美食铭》做到了。

令人叫绝的是，每道菜都配了一句诗词，而且配得贴切和巧妙。拿"糖醋小排"来说，配的诗词是"孤舟蓑笠翁，独钓寒江雪"，然后整盘菜的配饰若晶莹白雪下犹自苍翠挺立的小草，盘间的留白恰似封冻江面上寂寥大石星散，而引出了红润中又像撒上雪粉的糖醋排骨，不仅突出了菜的意境美，更重要的是使整道菜的气象

大董糖醋小排骨

都为之一变。所以这套菜单不叫菜单,而叫做《大董烹饪艺术作品集》,顾客就认为很贴切,看菜单完全是一种艺术欣赏。

三、充分体现菜品的意境美

中国菜是艺术,艺术要体现意境美。我对此印象最深的是"鳕鱼南瓜盅"。

南瓜盅要想做出新意,不那么容易。但是这道菜把南瓜雕成梅花形开口,盘间用白杏仁和红汁等画出一幅写意梅花,支持整道菜的风骨变成"无意苦争春,一任群芳妒",何其巧妙和诱人!

四、盛器造型多变,错落有致,质感和食材相互配合

我自己对菜品的盛器是很在意的,不在于多么名贵,而看怎么更好地为食材服务。我们来看"雪菜烧笋尖"这道菜。

盘子里就是用两节竹筒做盛器,一高一低,充满层次感。因为用了食材本身产生的基础做容器,更加诱导顾客形成良好的联想,可以说,菜未入口,已感到竹香氤氲。

再看"红油小鹿肉"。

大董鳕鱼南瓜盅

大董雪菜冬笋

大董红油小鹿肉

剔透的水晶玻璃杯中装着神秘如红酒般的红油,里面是质感很强且呈立方体的鹿肉,再配上一道绿色作装饰,简直就是一幅画。这个盛器好在哪里?一是显得高档,最重要的,减少红油的油腻感。

还有"糟溜鳜鱼片"。

盘子的纹理非常有韵味,然后形成一个个同心圆,圆心焦点是菜品,这就是盛器和菜品互相借势,其结果就是 1+1>2 的效果。

五、菜品创新的融合性

现在很多餐厅都重视菜品创新了。可是创新的基础是什么?是对各种食材性质的深刻了解,是对各种烹饪技法的灵活运用。如果没有良好的基本功,没有对食材品性的内在了解,这样的创新叫做乱搭配、胡堆砌。现今的餐饮界这种现象是比比皆是的。这本菜谱里有大董很多创新菜式,感觉怎么样呢?两个字——"舒服"。

我对菜的口味评价标准很简单——"好吃",我对菜的外形评价标准也很简单——"舒服"。可是要能做到这两点那是非常不容易的。我看到"糖葫芦提拉米苏"的时候可以说有点震惊了——谁敢这样搭配呢?可是你看,造型上提拉米苏的厚重和糖葫芦外壳的晶莹对比强烈,口感上酸、甜、润、

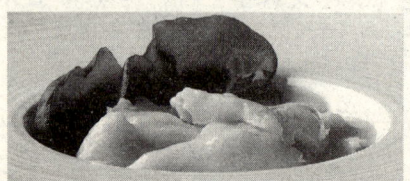

大董糟熘鱼片

大董提拉米苏配糖葫芦

大董清汤鸭舌羊肚菌

绵或许还有巧克力的微苦又互相融合，这道创新菜就抓住了融合的精髓，融合的是灵魂，不是外在。

六、体现高超的技术和菜品鲜明的特点

俗话说得好："唱戏的腔，厨师的汤。"汤对于烹饪来说是非常考功夫的。我比较害怕的就是该是浓汤的时候味道寡淡，该是清汤的时候却又混浊暧昧。我们来看"清汤鸭舌羊肚菌"。

汤很清澈，很好的衬托出主料鸭舌和羊肚菌的质感，在实际品尝中又能感到汤水贴心的滋润，"风乍起，吹皱一池春水"，荡漾的更多的是顾客的心情吧。

一套大董菜单，还有很多值得欣赏、研究、广泛借鉴的地方——比如版式的设计、比如图片和文字的位置搭配、比如照片拍摄的角度、用光和配饰、比如菜品分类和前后布局的讲究……，当然更有大董创新菜品、抓住中国菜吸纳百千而灵魂凝聚的精髓，这些都值得中国的餐饮业界认真的研究。

请您思考

1. 服务文化的三个层次是什么？
2. 请根据本章的知识点重新总结归纳您所在的餐厅的服务理念。

| 第七章 |

服务战略管理

"'优质服务'不足以与竞争对手区别开来;不足以建立牢固的客户关系;不足以与竞争对手展开价值竞争而非价格竞争;不足以鼓舞员工,让他们想在工作和生活中做得更好,以及保证发放正确无误的红利。"

——Leonard I. Berry

在前面的几章，我们着重探讨了很多服务细节方面的问题。如果说细节是服务的表象的话，那么战略永远是服务的根基。而对顾客来说，服务战略才是"攻心"的过程。真正的有价值的老顾客是和企业长久的服务战略联系在一起的。

一

服务战略的含义

服务战略是指企业在一定发展阶段，以服务为核心，以顾客满意为宗旨，使服务资源与变化的环境相匹配，实现企业长远发展的动态体系。

服务战略体系应该具有持久性和震撼性。持久性是指服务战略体系的质量和高度；而震撼性是指这种服务战略应该给顾客带来惊喜并且超过顾客的期望。也就是说，基于企业和这样的一群顾客拥有着共同的看待问题的方式和角度，并且表现在服务方式上，使得彼此更加契合，从而企业真心打造符合顾客需要的价值，而顾客愿意支付相应的价格。

法国雅高酒店集团在全世界拥有管理着 4000 家酒店和 17 万员工，遍布五大洲的 90 个国家，是欧洲第一大酒店集团。

雅高的酒店从经济型到豪华型，每个子品牌都凸显了各自的服务战略，因而可以更好地根据每一位客人的需要提供周到的服务。雅高的服务战略是一门综合的艺术，它融合了历史的传统与现代的创新，增添了宽容、纪律、想象和热情，从而促使服务达到一种高超的水准。

雅高著名的酒店品牌有 Ibis（宜必思）、Novotel（诺富特）、Sofitel（索菲特）等。

索菲特的服务战略是：打造成为具世界水准的酒店，追求完美。集商务与休闲为一体，为游客们提供一流水准的环境和服务，是舒适、高雅的私人休闲场所。

诺富特的服务战略是：合乎时尚且具备国际水准及现代化设施的商务酒店，处于各城市的商务中心及旅游胜地。

宜必思的服务战略是：以简朴、相对的高质量服务、良好的性价比吸引顾客。酒店坐落于商务活动集中的地区及周边地区。

服务战略的体系规划

既然我们已经知道服务战略是个体系，那么就要进行一系列的解释和落实的工作，实质上就是服务战略的规划。也就是说，有了战略规划，就可以依靠体系的力量而不是某个管理或领导明星的力量去推动服务质量的整体提升。

那么服务战略体系怎么去规划呢？需要遵循哪些步骤呢？我们说，服务战略的规划需要遵循六步骤：

步骤一：对公司目前地位的分析（**我们在何处？**）
步骤二：确定公司的战略发展方向（**我们向何处去？**）
步骤三：找出并筛选替代战略（**我们如何实现目标？**）
步骤四：实现选定的战略（**采用什么政策、制度、方式？**）
步骤五：检查（**我们是否达到了目的？**）
步骤六：重新设定战略（**我们新的目标是什么？**）

这六个步骤可能写在书本上大家会觉得非常枯燥，但是任何成功的企业都是先有战略成功才有事业成功的，我们不妨通过分析我自己非常喜欢的一个品牌"绿茵阁"的案例来进行理解。

一、背景资料

在中国，西餐的发展两极化的情况比较明显。一极是以起士林、马克西姆等老牌正规西餐厅和高星级酒店内新的高档西餐厅为代表的"正统派"，一极是"山寨派"，以"豪上豪"等为代表。"正统派"的西餐厅价格昂贵，西餐礼仪要求较多；"山寨派"消费低廉，但是口味混杂，似是而非。

但是，在广州，绿茵阁连锁咖啡厅，却得到了许多人的喜爱，成为朋友相聚、同事交流、与客户洽谈的首选之地。绿茵阁还特别受到了情侣们的青睐，每年的情人节，尽管绿茵阁提高了价格，增添了很多临时座位，但还是有一对对的情侣在春寒中手执"等候卡"排队等待，位于体育西路的一家分店的门口甚至出现过700余人排队等位的情况，这在餐饮业异常发达、素有"食在广州"之称的羊城，几乎是难以想象的。即使是餐饮业经营理念先进、管理方法成熟的香港同行，看到绿茵阁天河分店500个座位座无虚席时都连称不可思议。

如今，绿茵阁在中国已经有很多加盟店和自营店，绿茵阁的身影遍布南昌、长沙、太原等国内大型二线城市，成为"中国餐饮企业经营业绩百强企业"之一。

二、市场状况分析

绿茵阁为什么能够脱颖而出？我们从以下四个方面做一翻市场分析。

1. 消费者分析

消费心理是最为值得研究的事情。在中国，人们选择西餐，是因为西餐的环境雅致，食物较为新奇，代表了一种不同的餐饮文化，并且能够彰显个人的消费品位。但人们对于西餐的文化感受从潜意识里来看，仅仅在于一种感受，大部分的中国客人并不想付出改变就餐习惯的代价，最主要的问题是餐具、上菜顺序、中餐和西餐的不同口味问题等等。尽管广州也有相当一批西餐消费者是因为文化和时尚而消费西餐，但在很大一部分广州人看来，西餐厅与中餐厅没有本质的不同，广州人更注重实际，从很大程度上讲，西餐在他们看来就是另一种味道的饮食。

2. 消费环境分析

广州是一个餐饮业极为发达的城市，2001年餐饮业零售额达239.9亿元。超过了同期北京和上海餐饮业零售额之和（同期北京为96.6亿元，上海为141.6亿元）。2002年上半年，广州餐饮业零售额为130.18亿元，同比增长11.3%。广州又是一个中西方文化交融的地方，很多新产品、新观念容易被接受和推广。比如，第一家中国人自己的西餐馆就开在广州。所以在改革开放后，随着当地人们生活水平的提高，对于西餐的消费就成了顺理成章的事了。

3. 消费者分类

（1）外来人士。广州是华南重要商埠，毗邻香港，香港客人很多，而一年两次的广交会及其他各类活动又把世界各地的富商巨贾带到了广州。同时，广州是华南的历史文化中心，旅游业非常发达。再次，广州是中国的经济中心之一，吸引了国内很多高端人士。综合这些因素，这些人群对西餐是有一定需求的，并且具备相应的消费能力，促进了广州西餐业的发展，也带动了这个产业的成长。

（2）环境氛围需求者。虽然广州人对西餐的消费不像北京人、上海人那样努力地学习西餐饮食文化，但对西餐厅雅致的环境，还是有需求的。由于市场经济的发展，人们的消费能力增强了，面对的选择也多样化了，西餐厅的环境既不像中餐厅那么热闹，也不像快餐厅那么匆忙，无论是休闲还是谈话都十分方便。所以，很多人都把西餐厅作为与朋友、同事，甚至客户商谈、交流、沟通的一个场所。还有些人把在西餐厅或咖啡厅当作思考、独处或处理一些工作的场所。

（3）追求时尚者。由于广州经济发达，所以产生出一批追求时尚的年青消费群体。他们追求品位和个性，又不囿于固定的模式和框架，主要以年青白领和大、中学生为主。其中前者有一定消费能力，后者消费能力从总体上讲比较有限，但群体规模大，对西餐的认同程度高。他们都对西餐消费起到了推动作用。这其中以情侣用餐最为主要，每年情人节时尤其明显。

4. 竞争者分析

中国较为符合西餐厅品牌形象的西餐厅主要有三类：

第一类是酒店附设的西餐厅。这类餐厅主题明确，品位具有鲜明的特色，整体豪华，消费层次高，环境优雅，食品追求正宗，或者能够紧跟西餐发展潮流而有所创新，原料从国外空运，主厨团队一般都是外国名厨。比如上海浦东香格里拉的翡翠36、北京香格里拉蓝韵餐厅等。

第二类是高档专业西餐厅。这类餐厅特色菜品的质量非常稳定，传统西餐菜品的呈现力量很强，品牌悠久，已经具有良好的口碑。餐厅环境闲适优雅，风格独特，如北京的马克西姆法餐厅、浮士德香水餐厅、福楼法餐厅等。

第三类是面向中端市场的餐饮新创品牌。这类餐厅在食品方面考虑到了中国消费者的口味习惯，在中西餐结合方面做了一定成功的探索，而在服务方面能够根据中西餐结合的产品主体进行改进，如提供筷子，不再有那么规整的整套西餐菜品结构，比如汤、甜品，甚至主菜弱化等等。第三类餐厅的价格低于前两类，面对的主要是对环境有特别需求者和追求时尚者，以内宾为主要消费群体。这种餐厅的代表在前绿茵阁时代，并没有典型的、形成一定品牌覆盖力和影响力的品牌餐厅。

三、绿茵阁咖啡厅的营销策略

绿茵阁咖啡厅能够在广州餐饮业激烈的市场竞争中站稳脚跟并高速发展，首先与其在服务营销方面的一系列策略是分不开的。

1. 定位准确

绿茵阁咖啡厅的管理者在餐厅初具规模时就明确了发展方向。这与他们在创业时走过的一段弯路也有一定的关系。20世纪90年代初，位于西湖路的绿茵阁咖啡厅大获成功，作为创业者之一的林立用赚到的钱进军中餐，开设了惠福海鲜酒楼，由林欣接管绿茵阁的经营。但惠福海鲜酒楼的业绩平平。这时一位媒体朋友提醒他们：中餐馆已经强手如林，而西餐馆却还没有人称王称霸。林家姐弟分析后认为的确如此，不久就将海鲜酒楼结业，将全部精力集中到西餐业上来。而且，他们想的已经不仅是做好一间餐厅的问题了。他们萌发了经营一个长久品牌的想法，继而又明确了做中国西餐行业第一品牌的目标。

但要成为一个市场的领导者，必须有相当的消费者。尽管绿茵阁在西湖路很成功，可是广州当时消费西餐的人并不多，如何才能吸引消费者呢？为了打破人们对西餐的隔阂，"先惠人，后惠己"，降低价格，进行市场开发，让更多的人走进西餐厅，绿茵阁采取了一个大胆的策略：定位在满足第二、三类消费者的需求上。以中档消费者为主，兼有西餐的舒适和中餐的随意，走中式西餐的道路。

2. 产品创新

绿茵阁贴近广州人的生活，对西餐的内容和做法进行了大胆的调整，很多广州风味的菜式都能在这里找到。在绿茵阁，既有咖啡也有老火汤，既有牛扒也有白饭。绿茵阁在西餐改良方面做得最早，也是做得最成功的。绿茵阁开业不久，有客人提出：希望能吃到油菜，能喝到老火汤（调查显示：虽然广州人喜欢西餐厅的幽雅环境，但却吃不惯正宗的西式菜肴——资料来源：《中国新闻社》网站）。绿茵阁的管理者意识到了广州市场的消费特点，适时做出调整和改变。现在，绿茵阁推出的海鲜饭、煲仔饭、特色炒粉等都受到了消费者的欢迎。在绿茵阁不但能品尝到正宗西式食肆、地道粤菜，而且，还有法国、意大利、澳洲、葡萄牙、泰国、马来西亚等国家的特色美食可供选择。西餐的菜式调整后更适合广州人的口味，比如多样的调味汁的选择，而且这些调味汁都是西餐中比较适合中国人口味的，像是红酒汁、烧汁、油醋汁、它它汁等。在一些连斟水的位置都有讲究的西餐厅看来，这简直是离经叛道，但是正是这种改变适应了中国人的潜在消费心理，于是也就拥有了庞大的消费群体。

这种改变实际体现的是一种强烈的市场导向，对绿茵阁而言它所吸引的并非是一小部分追求正宗西餐的消费者，而是更广大的消费群体，它追求的不是正宗，而是合适。

与主体产品相配合的是在服务和环境上面的改变。首先在服务上，绿茵阁提供刀叉，但是主要以勺子为主，适合中国人的就餐方式，而且在一些二线城市，在顾客的要求下也可以提供筷子，并且顾客不会有使用筷子吃西餐比较怪异的感觉和压力。而在环境方面，清新的绿色取代了传统中餐的金黄两色，成为绿茵阁的主色调，而古铜色的壁灯和吊扇，又彰显了中式西餐这一主题。在墙壁方面，装饰大胆，以百鸟、整枝的花卉给人以强烈的视觉冲击。

3. 传播策略

绿茵阁很早就在《广州日报》上做特约头版，其营销在广州餐饮业中是走在前列的了。

不过对绿茵阁而言更重要的还是一种口碑效应。广州人在吃的方面讲求实际，但是作为开放的大都市，这里的市民也更加成熟，愿意为良好的就餐环境消费，尤其是对环境有特别需求者。而绿茵阁正是抓住了这一点，在每一家洋溢着现代气息的分店里，环境都独具个性并体现潮流。渐渐的，消费者将在绿茵阁就餐的体验传递给亲朋好友，进而形成了口碑。在绿茵阁消费成为广州的时尚。如果有人用搜索引擎查询"绿茵阁"，一定会发现这三个字经常出现在一些小说、散文等文艺作品中，其实绿茵阁已经深入到了很多广州人的生活当中，而这就是其成功的最好例证。

四、绿茵阁咖啡厅有效的内部管理策略

绿茵阁咖啡厅的成功也得益于其良好的内部管理。我个人认为，家族企业并不代表管理不善，事实上，大部分的国际性的企业，开始的时候一定都是家族企业。绿茵阁经历了家族企业成长的蜕变，最终形成了自己的管理模式。

1. 独具慧眼的用人策略

在创业之初，绿茵阁咖啡厅的管理者就以非凡的远见和魄力从五星级的东方宾馆请来了一位有名的西餐师傅做顾问，并支付每小时5元的报酬，这在当时是很难得的。

2. 良好的培训

去过绿茵阁咖啡厅的人都能感受到，那里的服务人员很殷勤，很到位，你落座后马上就会有侍应生为你呈上菜单，为你斟满矿泉水，杯中的水不多时，不必招呼，自然会有人来续杯。在很多企业，快速扩张中最常出现的就是人的问题，特别是服务行业，服务态度差，服务质量差，很大程度影响了消费者的情绪和连锁经营。而绿茵阁通过培训解决了这个棘手的问题。

3. 管理者的不断学习与创新也是绿茵阁的过人之处

绿茵阁的管理者从最初的凭感性经营到经过专业学习完成了从中小企业主到专业管理者的转变，如其中两位是在美国学过财务和管理的，总经理林欣也读过北大企业家特训班。林氏家族成员曾多次赴欧洲学习，同时还给厨师提供出国交流培训的机会，曾几次组织厨师队伍到美国烹饪学院学习。这在国内同类企业中都是难能可贵的。

4. 组织结构的不断完善

随着企业的不断发展和快速扩张，原来的管理模式和管理手段出现了不适应，比如餐饮业的关键环节——采购就曾因监管不力出现了黑洞。同时，又由于权力过于集中引起了管理混乱。有鉴于此，绿茵阁进行了组织变革，建立了由多人构成的采购中心，形成了完善的监督机制，在管理层也准备引入职业经理人，在高校毕业生中招聘员工，这些都是绿茵阁改制的有效措施。

五、点评

绿茵阁通过对经营战略的把握和有效的管理迅速成长起来，它们的经验对餐饮企业有借鉴意义。

首先，公司对品牌的地位进行了充分的分析。创建什么样的产品服务体系？如何创建？创建成功的可能性因素是什么？这是绿茵阁成功的基础。

其次，在战略分析的基础上，绿茵阁确定了战略发展方向。一切以顾客需求为中心，使其产品和服务更加适应市场的需要。在这种情况下，绿茵阁的管理者能够把握这种变化的趋势，以适宜的产品、合理的价位、舒适的环境、优质的服务赢得了广大消费者的青睐，取得了市场上的成功。

再次，成功实现战略的方法是什么？配合什么样的经营体制？连锁经营使绿茵阁完成了一次根本性的提升，进入了品牌经营的时代。连锁经营产生了规模效应和宣传效应，统一的物流配送中心，带来成本效应，使绿茵阁在特定的时间内有了发展的动力，保持着发展速度。当很多同行还没有意识到树立品牌的重要性时，还没有连锁经营的能力时，绿茵阁已经开始对消费者进行品牌形象的渗透和进行连锁经营。使人们不知不觉地接受了它的产品和品牌，以及由此标示着的一种时尚生活。

第四，在体制之下仍有很多方法来配合战略实现。其中最主要的就是从战略高度制定人才策略。绿茵阁通过多种机制,如培训、竞争上岗等,创造了人才成长的环境,提升人才竞争的能力,使其管理水平、服务水平都具备了明显的优势。在绿茵阁选人、用人到留人的一系列过程中,都体现了企业整体发展的战略思想,适应了市场的变化,体现了管理创新的观念。

注:本案例参考了《经济管理》2003年11月15日《绿茵阁的成功经营策略》一文,并引用了其中部分段落,作者白静

我们通过绿茵阁的案例,可以很好地理解服务战略的思想和内容,并且最终明白"全面服务质量管理"的真实含义。那么根据这个"全面"的思想,在整个服务体系搭建方面,我们给出大家的建议,以图示的形式来表述(见右):

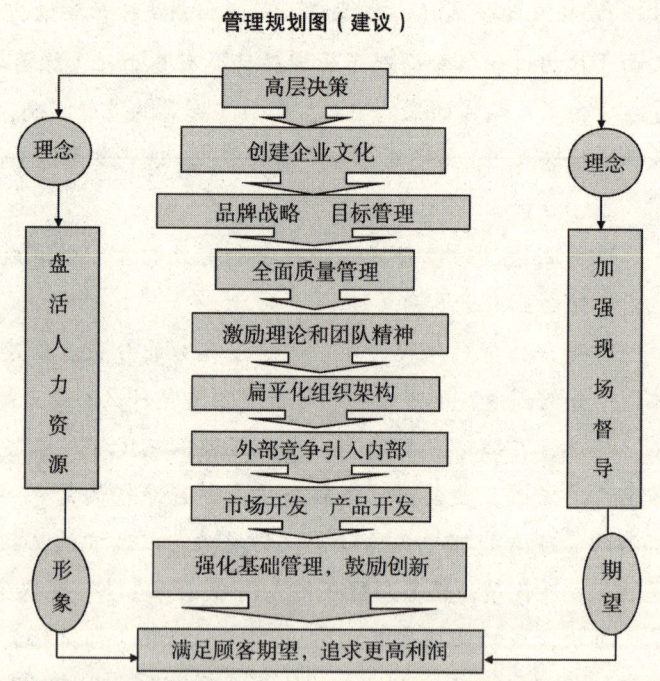

注:本图改编自《快乐管理》一书中的相关图例,李广龙编著,中信出版社2003年1月1日出版

请您思考

1. 请阐述服务战略的深刻含义。
2. 仔细阅读如下案例，并用服务战略规划的知识进行分析讨论。

山西太原江南餐饮集团有限公司创建于1991年，目前已拥有四家连锁酒店、江南食品配送公司、江南鲜食店、佰乐食中式快餐等七家公司，分别涉及酒店、餐饮、食品配送、中式快餐、现代洗涤等行业，成为太原市的知名餐饮企业，首批荣获"中华餐饮名店"称号，企业连续三年进入"中国餐饮企业百强"行列。

目前集团旗下的餐饮企业已发展为五家——分别是开化寺江南酒楼、桃园春江南酒楼、江南美食城、江南大酒店和全晋会馆。其中，开化寺江南酒楼地处商业中心腹地，经营项目以方便、快捷、低价位的上海特色小吃为主，兼顾各类炒菜；桃园春江南酒楼主要经营鄂菜及海派风味菜点，特别是早茶头脑远近闻名，并且可承办各类宴会，是山西省特二级饭店，被太原市委、市政府定为公务定点接待单位；江南美食城地处太原市交通枢纽地带，有着江南园林风格的建筑布局，经营海派菜点，氛围古朴典雅，是太原市至今保持开业以来经营长盛不衰的著名饭店，山西省特一级酒店；江南大酒店拥有餐饮、茶苑、客房、饼屋、会务接待等多项服务，营业面积1.6万平方米，是华北地区大型的高档餐饮酒店之一；全晋会馆则与山西最高学府山西大学为邻，整体建筑八层，是以餐饮为轴心打造山西文化体验的特色餐饮国际连锁酒店。

在2008年，江南餐饮集团提出了"把文化融入环境、服务以及菜品中"的口号，以给顾客带来餐饮享受以外更高价值的别样体会。因此，江南餐饮集团对企业内部管理能力进行了全面的优化和提升。在强化管理团队的同时，亦建立了完善的企业内部人才培养机制，为企业管理水平以及江南餐饮品质的不断提升输送源源不断的高素质人才。在顾客服务方面，江南餐饮集团特别开通了绿色服务专线，同时，还开通了网上订餐业务，提供网络预订服务。

第八章
建立服务体系

华佗是中国古代的名医,很多患有疑难病症的病人在他的治疗下都能很快痊愈,因此,世人都赞他为"神医"。华佗听到这个说法后,坚辞不受。人们以为华佗是谦虚,再三请求他接受。华佗解释说:"其实,我家中兄弟三人,我是医术最差的一个。我大哥的医术在于保健,一个人在他的指导下,根本就不会生病;我二哥的医术在于提早发现,一个人的病刚刚有了苗头,他就能辨证施治,使他病不发作;只有我,医术不够,当人已经生病了,我才能望闻问切,汤药针剂的对症治疗。但是就是因为这些病大家已经知道了,才觉得是我的医术高明,其实,真正高明的大夫都是在没有病的时候就开始治疗的啊"。

这就是"上医治未病"的来历。而对于餐饮服务来说,建立一个好的质量管理体系是有效预防服务质量问题出现的必要手段。

服务体系是大服务质量的基本条件，也是系统化的要求和体现。但是这个系统化有它的理论基础，同时也在建立环节上体现这个理论基础。

一

PDCA 循环法

特别提示

我们只采用最有效的理论，而不是最新的理论。

当我们在选择管理理论时，我们往往陷入一个误区：就是最新的理论都是最有效的。这是因为我们有这样的假设前提：先进的理论→其他酒店成功的经验→为我所用→必能成功。实际上，我们仔细想想，最新的理论就一定是最有效的吗？最流行的理论就一定是最适用的吗？明确地说，这几个方面是不能画等号的。

之所以产生这个问题，还有一个很不好的倾向：就是很多企业不想扎扎实实地做质量管理的系统，总是想讨巧，采用一个什么理论，使用一个什么手段，或者听了一个什么金牌课程，就想把服务质量搞得优雅超脱。这怎么可能？在管理上的投机性只会让服务质量处于崩溃的边缘。就拿前几年很流行过的执行力课程来说，难道执行力是可以培训出来的么？可是很多企业就是跟风，不做自己的事情，结果怎么样？没有执行力的企业仍然没有执行力。

所以，我们说，服务质量的理论基础不在于多么时尚，而在于是否有助于切实的建立服务质量管理系统。根据这个观点，我们认为，PDCA 循环法是有效而值得借鉴的。

"PDCA"是四个英文单词的第一个字母的组合，这四个单词也就代表了整个 PDCA 循环法的核心内容：

P－策划（Plan）：根据要求和组织的方针，为提供结果建立必要的目标和过程；

D－实施（Do）：实施过程；

C－检查（Check）：根据方针、目标和产品要求，对过程和产品进行监视和测量，并报告结果。

A－处置（Action）：采取措施，以持续改进过程业绩。

而在餐饮管理的实际工作中，我们可以进一步的把 PDCA 四环节解释为——

Plan：建立质量管理体系，而各级管理人员均有责任使下级掌握工作流程、操作标准及有关标准的知识；

Do：各级管理人员应将任务或目标分解落实到具体个人，并说明任务性质或意义、时间要求、操作过程和最终的质量标准，以及其他要求；

Check：各级管理人员有责任检查直接下级的工作进展和执行标准的情况，负责对进行中的工作进行指导，以确保最终质量；

Action：各级管理人员必须制止不合理或错误的操作，对造成不良后果者给予相应处理；公平评价员工工作结果，对优秀者予以表彰或奖励。

全体管理人员必须以身作则，严于律己，公正待人，努力完成管理工作，保证餐厅服务质量。

PDCA 理论，符合餐饮管理的实际过程，也可以使用下列图示来表示：

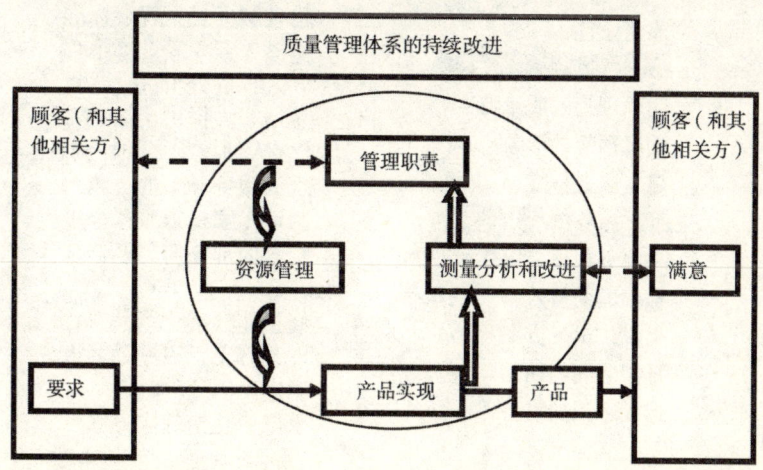

而同时，PDCA 循环法又是一个螺旋上升的过程，它不能停留在原点，它是一个动态的过程（见下图）。

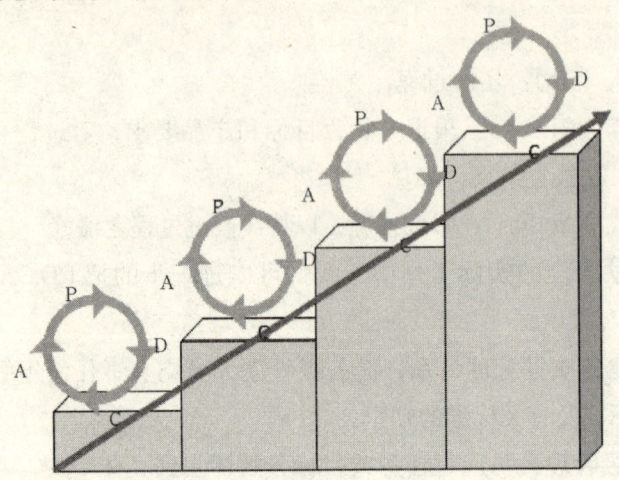

按照 PDCA 循环法建立服务质量控制体系

服务质量控制体系

1　质量设计
　<u>确定顾客的想法及期望</u>
　- 明确理想的质量特点
　- 确定理想的形象
2　建立服务标准
　<u>设计服务流程体系</u>
　- 将服务程序文字化
　- 检验、衡量效果
　- 提供"第二方案"
　- 计划空间的使用
　- 选择适当的设备

3　<u>检查服务是否符合标准</u>
　<u>成品（客人满意）检查</u>
　- 客人投诉分析
　- 恳请客人提供反馈
　　（客人评议卡、抽样调查）
　- 观察服务环节的过渡
　- 聘请专家检查服务全过程
　- 经营内部核对与经营统计

4　<u>修正非标准化产品</u>
　- 即刻修正，以满足客人
　- 确定原因
　- 采取修正措施和方案

上图是根据 PDCA 循环法搭建的一个服务质量控制体系模型。很多企业由于 PDCA 循环法比较好理解，甚至有点轻视的意思，其实，是因为它们没有能够把理论落实到体系实践上。下面，我就根据这个模型，来进行较为详细的解释。

1. 质量设计

质量设计是企业确定顾客的想法与期望的过程以及最终输出表现。它需要体现出顾客对企业理想的质量特点的期望并确定理想的形象。

上海虹桥美爵大酒店坐落在虹桥区中心，由著名的法国雅高酒店管理集团经营管理。在上海酒店业激烈的市场竞争中，虹桥美爵经营业绩出色，这和它提炼出的质量特点有很大的关系。虹桥美爵的宣传语可以很好地阐释这一点——"家的温情，不仅仅在家里。"

回到家的感觉是怎样的呢？走近厨房烹饪自己喜欢的菜肴，和孩子们欢聚在一起，这些温馨的画面似乎很少在酒店出现。而上海虹桥美爵酒店"提供你在家里需要的一切"，并且把这种感受变成了实在的体验。酒店的每间客房都有一间小厨房，有一个阳台，好像一个小小的家一样。商旅的客人可以在阳台上呼吸新鲜的空气，观赏上海的城市美景，也可以煮自己喜欢的食物。对于需要洗衣的长住客人，酒店还可以提供洗衣机。酒店还特别为带有家眷的商务客人准备了家庭套房。一进门是一间很大的客厅，设有两个卧室，一个卧室预备给夫妇二人，另一个卧室准备了两张小床，可以提供给两个孩子使用，同样设置了两个洗手间。这些体贴的设计让家人既可共处一室，又保持了相对的私密性，因而受到市场的欢迎。

2. 建立服务标准

建立服务标准主要就是指设计服务流程体系，包括：将服务程序文字化、明确质量水平检验和衡量手段、提供"第二方案"、计划空间的使用和选择适当的设备。这个模块里,其实是在解决服务质量的几个资源配合的问题。

首先说服务程序的文字化,基本上是通过《操作手册》的形式来完成的。很多餐厅都有厚厚的《操作手册》,为什么没有起到真正的效果?那么就要问问自己:这本《操作手册》是我们"自己"的吗?还是天下文章一大抄,从所谓的管理经典、管理范本上抄过来的?

其次,服务程序文件化是有结构要求的。这种结构保证了《操作手册》环环相扣,最大限度的被员工理解应用。下面我们通过图示来看一下正规的《操作手册》的结构:

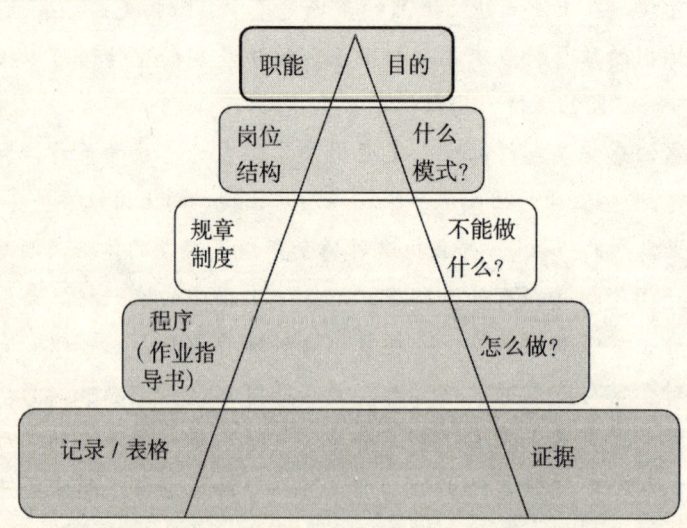

文件化质量管理体系的结构

一本正规的《操作手册》应该包括如下五个部分:

(1)部门职能

任何文字都不能穷尽我们所面临的实际情况,因此一种描述性的、展望性的职能描述将成为在特殊情况下员工选择服务行为的基本准则。我们不妨来看一个例子:

第八章 建立服务体系

×××店部门职能概述

×××店是企业运营系统的重要组成部分，同时也是企业培养人才、提升菜品质量、档次、增加利润、提高形象的基地。

在经营管理方面，×××店的主要职能包括但不限于：

1. 认真执行总经理的指示，努力完成总经理和企业管理委员会其他领导下达的各项任务，确保餐饮工作的顺利进行；

2. 负责制定当店的规章制度和工作程序，使经营管理规范化、制度化、有章可循；

3. 计划与组织日常管理工作和服务接待工作，并完成企业下达的各项经济指标和服务指标；

4. 在厨师长的直接管理领导下，厨房各组成部分向顾客提供代表经营店形象的、符合顾客期望的高质量的菜品；

5. 加强市场调查，经常了解市场变化信息，提供营销信息并协助制定营销方案，及时研究新的营销策略，不断改进菜品和服务，努力扩大经营效果；

6. 持续提高服务质量和菜品质量，持续提升当店经营利润及人均消费水平；

7. 积极主动参加并协助企业搞好各种培训，持续提高人员技能，成为持续发展与扩张的人才培养、后备基地，树立精品店的形象；

8. 坚决贯彻执行《食品卫生法》，监督与管理餐厅、厨房的清洁卫生工作，安全储存和使用各种洗涤、消毒用品，保证出品的卫生安全；

9. 采取措施，强化当店员工队伍的质量意识和市场观念，提高接待服务质量和食品质量，使之持续符合并达到质量标准的要求，合理使用能源物料，避免浪费，使原料和能耗的控制得到有效保证；

10. 加强对管辖范围内设备、设施的清洁、维护、保养和报修工作，保障设备设施完好、安全运转；

11. 持续使服务符合顾客满意需求，使顾客投诉得到圆满解决；

12. 搞好餐饮成本核算及收入报表数据提供工作，使财务核算有据可依；

13. 做好安全保卫工作，保证顾客和员工的人身安全、财产安全、隐私安全；

14. 按照规定管理员工，保证正确的激励员工，为员工提供正常的薪酬、培训、福利、劳保等职业生涯发展资源。

（2）岗位结构

也就是说要明确地告诉员工，企业搭建了什么样的组织结构来实现部门职能？是什么样的层级关系和直线联系？因此，合理的符合人事管理要求的岗位结构是《操作手册》的第二部分。

（3）规章制度

规章制度是底线，就是明确地告诉员工不能做什么，如果做了就会被惩罚。

（4）操作程序

操作程序是方法，就是告诉员工什么需要做？而且应该怎么做？我们仍然通过一个样例来理解：

零点服务工作程序与标准

程 序	标 准
领位员迎宾	1. 领位员要面带微笑接待，为宾客拉门并致以问候； 2. 问清客人人数后，领位员将宾客带到合适的餐台，安排就座； 3. 领位人员也可根据客人的特殊要求，将客人带到合适的餐位上就餐。
拉椅入座	当服务员见领位员带客人到自己的岗位时，上前问候并协助领位员一起拉椅请客人坐下。
递送小毛巾	服务员用毛巾夹，从每位宾客的右侧送上小毛巾，并使用语言："请用小毛巾。"
递上菜单	服务员可将菜单打开至第一页，双手拿着，从客人的右边递上菜单（或者双手将菜单放于转盘转向点菜客人面前），同时询问客人茶水。

续表

沏茶、斟茶	1. 沏茶时注意卫生不能用手抓茶叶,应用茶勺按茶位放茶,这样做茶量也比较准确; 2. 斟茶时,右手抓壶,左手自然下垂或者放于背后背好,从宾客右侧斟倒,按顺时针方向依次斟倒,茶水7-8分满为宜,不宜太满。
撤筷套	筷套从主宾的右侧开始,按顺时针方向进行,手拿筷子的上部,放于筷架上,注意操作时动作要轻。
点　菜	1. 站在客人右后侧,距客人半步远,身体前倾; 2. 询问客人是否可以点菜了,当好参谋; 3. 问清客人的具体要求(如:口味、饮食爱好); 4. 准确填写点菜单:台数、人数、时间、服务员的编号,书写清楚; 5. 复述订单内容经客人确认后下菜单。
下　单	将单子留一联放在顾客的餐桌上另一联送到吧台,动作要快,最后一联送于传菜组。(注:第一联放于吧台,第二联放于餐桌上,第三联放于传菜组)
拿酒水	1. 拿酒水时须使用托盘,将各种饮料、酒水按标准摆放在服务托盘内; 2. 拿酒水时速度要快,准确,大厅2分钟,将宾客的所需酒水拿到宾客的餐桌前。
酒水服务	1. 服务应根据宾客的要求灵活斟倒酒水,注意斟倒各种酒水时左手都须持一张干净的小毛巾,便于擦干瓶口使酒液不滴在桌布上; 2. 据情况在餐中服务中,服务员须使用托盘为宾客斟倒各种饮料及酒水; 3. 斟倒标准红酒1/4杯,白酒8分满,饮料啤酒均为8分满。
上　菜	1. 按顺序上菜(先冷后热); 2. 服务员上菜时,用右手将菜盘轻轻放于转盘或者餐桌上,报菜名,介绍菜肴特点,用手示意客人用餐; 3. 移动餐台上菜时需按规定摆放好各种菜肴并且须保持餐桌的美观。

续表

巡台服务	1. 及时斟倒酒水更换骨碟、烟缸、撤空盘； 2. 当顾客吃完带浓汁、骨壳的食物时应及时更换骨碟并据情况换上小毛巾； 3. 当客人菜上齐后需告知客人； 4. 征询客人意见后，撤下客人不用的玻璃器皿及餐具； 5. 询问客人对菜肴及服务意见。
上茶，上水果	1. 为客人换上热茶； 2. 上水果并根据情况上水果叉，叉子向上； 3. 上水果时须将台面上的餐具经客人同意后撤走，同时换上干净的骨碟。
结账服务	1. 核对账单要仔细，无遗漏，避免差错； 2. 将账单正面放于买单夹，双手打开买单夹从主人右侧递给主人请客人过目； 3. 当客人掏出餐费时应表示感谢，并且当面点清数目； 4. 吧台交款，找余款给顾客。
送 客	1. 拉椅送客同时提醒客人带好随身物品； 2. 使用敬语，主动帮助客人拿随身物品； 3. 主动将客人送至大门口，再次使用送别语。
收 尾	1. 关电器设备； 2. 摆好凳子，再次检查客人是否有遗留的物品； 3. 整理地面卫生； 4. 回收桌面物品； 5. 收玻璃器皿（先收高的，使用托盘）； 6. 收小件餐具（如：骨碟、茶杯、汤碗、小勺）； 7. 收大件餐具； 8. 撤台； 9. 动作要轻巧，不影响其他就餐客人。

（5）记录表格

事情做了没有？事情做得怎么样？仅仅口说是不行的，要有记录，要可以被追溯，通常我们为了事项明确，以表格的形式体现。对于一个餐厅来说，下面这些表格是基本的工作记录了：

餐厅管理附表：
1. 餐厅餐具盘点表
2. 用品明细表
3. 客户档案
4. 人均消费日统计
5. 人均消费月统计
6. 就餐人数日统计表
7. 就餐人数月统计表
8. 工作日记本
9. 领位登记本
10. 海鲜登记本
11. 物品破损登记本
12. 布草收发登记本
13. 宾客意见本
14. 案例分析本
15. 小费登记本
16. 菜品退菜登记本
17. 回收物料登记本
18. 卫生检查表
19. 卫生自查表
20. 升级考试人员登记本
21. 新来人员登记本
22. 过失单登记本

……

另外一点，就是制度性文件的冠名问题。因为文件的数量较多，涉及的领域不同，编写文件的机构又往往是企业内部职能部门兼任而为，不可避免地出现了很多文件冠名的混乱，而这种混乱会干扰到制度的颁行，可以说，动摇了企业管理根本中的根本，因此必须通过廓清不同文件冠名之间的区别来加以有效的规范。

在我们编写的制度性文件中，较常见的命名包括：××××管理制度、××××管理规定、××××管理办法、××××工作程序、××××管理条例、××××实施细则等六种。这六种怎么区分呢，我们分而述之：

第一，**管理制度**。管理制度是企业管理系统的基本框架，可以说是企业管理规范性文件的基本文件，用来从整体上明确企业大的流程、框架、职能等等。比如，作为餐饮企业，主业之一就是餐饮宴会接待，客人多集中活动，安全管理不容忽视，那么制定《餐厅安全管理制度》就是很有必要的，在这个制度里应该规定诸如餐厅安全的领导人、管理者、主要管理范畴、安全防范方面等等。

第二，**管理规定**。管理规定是对某一个专项的涉及到全公司人员的事情（不是企业管理系统的必备组成要素）或某一个专业系统内的职能性工作所作出的具体要求，或职能部门对其所管辖的、企业全体人员皆会涉及到的环境、资产、工作等作出的具体要求。我们延续上面的例子来说，在《餐厅安全管理制度》之下，保安部可能会有几个相应的配套文件，例如《餐厅消防器材配备管理规定》，其中应该涉及到餐厅消防器材的申购者、管理者、配备种类、配备数量、检查维护事宜等等。

第三，**管理办法**。管理办法是一种比较细化的规定性文件，通常出于便于操作的目的，也是为了避免制度或者规定过于繁冗，可以在这些文件下延伸一些文件。例如，在《餐厅消防器材配备管理规定》的基础上，为了便于规定的执行，可以编写《关于餐厅义务消防员的日常检查管理办法》，里面应规范餐厅义务消防员的比例、检查频次、检查手段、记录、复检、上报等等，以使餐厅消防安全落到实处。

第四，**工作程序**。工作程序是一种细化的操作步骤，是带有培训性质的文件，同时也是为了完成管理制度、管理规定或管理办法。既然是程序，除了有先后的环环相扣的操作步骤之外，还要明确完成的标准。如果没有标准，这程序也就没有意义了。比如，在《餐厅灭火器检查工作程序》里，应该规定数量检查、质量检查、分布方位检查、人员使用检查等等的步骤，

第八章 建立服务体系

还要规定多少数量为合格,灭火器容量压力指示表、瓶体的标准外观是什么,人员抽检的比例多少为基数,合格率多少为标准等等。

第五,管理条例。对于企业内部局部性的、或阶段性的、不属于一个系统的相关方面的工作所作出的系列化规定。例如企业的《员工工会组织管理条例》。

第六,实施细则。对于企业管理系统内某一项管理制度的具体实施步骤所作出的具体规定。我个人认为通常可以把管理制度分解为若干管理规定来细化执行,如果是实施细则的话通常是事项比较庞大、难于在不同个体之间详细规定的时候来使用。比如《×××分店关于财务管理的实施细则》。

从总的方面来说,我个人建议:

第一,制度性文件的冠名不要过多。尽量限于制度、规定、程序即可。

第二,制度性文件的不同冠名间应该形成层级关系。这样的话,什么级别掌握到哪一层级文件,便于企业的操作;而在实际工作中,一级文件找不到相应制度,再去上一级文件寻找,也有利于减少文件的废置率。

第三,制度性文件的不同冠名间应该形成网络联系。一个制度下面的规定是什么,为了完成这些规定有什么方法,相应的程序是什么,就能够环环相扣起来。当管理文件形成网络以后,执行才有力度和深度。

第四,尽量简化文件。出台文件的目的不是为了写一大堆文件,而是保持管理活动的一致性,如果只靠制度就能完成这个目的的,就不要后续文件,后续文件的目的是为了更好地完成制度。尽量简化文件,才能够很好地执行。

总之,规范制度性文件的冠名,才能够让文件法理完备,员工有章可循,企业运转条理分明,这是制度管理的基础。

接下来我们**重点强调的是"第二方案"**。我们在服务过程中面临的不是一成不变的条件,但是条件变动,我们的质量不能波动,因此,我们要做好事先准备,**通常以预案的形式体现**。我们通过一个餐厅的《应急事件处理程序与标准》来加以理解:

应急事件处理程序与标准

事 件	标 准
停 电	1. 马上向客人致歉并安抚好客人； 2. 打开应急照明设备或马上将事先准备好的蜡烛点燃； 3. 及时通知经理和维修工，马上进行检查并问清原因，确认恢复正常需要的时间； 4. 向客人解释原因并说明需要维修的时间； 5. 通知各部门，全部关闭电源，以防来电时电源不稳将电器烧坏； 6. 严禁非专业人员私自拆卸电源设备，以防触电； 7. 恢复后，由经理向客人再次道歉。
停 水	1. 分突然停水和预先通知停水； 2. 突然停水立即通知领导； 3. 工程人员应立即确认是内部故障停水还是外部停水。若系内部故障停水，应立即派人查找原因，采取措施防止故意扩大；若系外部停水，一方面要防止突然来水引发事故，一方面致电供水公司查询停水情况，了解何时恢复供水，并将了解的情况通知前厅和厨房； 无论是突然停水还是预先通知停水，我们都要做好以下工作： 4. 通知各部门停水信息，做好节约用水工作； 5. 保证储备水的卫生、安全工作，要求专人专点负责，为防止污染措施，用盖子将储水器盖好； 6. 在公共用水区（如卫生间）摆好用具，并及时冲洗保持卫生清洁。
停 气	1. 获取停气信息并立即通知领导； 2. 确认停气时间及事由； 3. 通知各部门做好准备工作； 4. 如属上客期间停气，负责人向客人道歉，并说明事由； 5. 如属餐前停气，应做好准备； 6. 告诉前来就餐客人，停气的时间并向其道歉。

续表

火　警	1. 发现火情人员立即判断是否自救或报火警,报告驻店总经理; 2. 驻店总经理即刻前往察看火情; 3. 无论实施自救还是报119火警,务必迅速行动,不得拖延; 4. 立刻向董事长和总经理报告; 5. 按照保安部制定的消防控制预案进行处理。
盗窃案件	1. 发现案情员工立刻向驻店总经理报告; 2. 驻店总经理即刻到达现场,控制局面,并向董事长和总经理报告; 3. 督导保安人员保护现场,并向报案人(顾客)了解案发时间(发觉时间)、经过及可疑的人员和情况; 4. 根据总经理的指示,督导保安人员配合公安部门到店破案,并提供必要的工作条件; 5. 督导各管理人员注意保密,防止消息扩散,尽量不惊动其他客人。
医疗事故急救	1. 对异常客人及时监控,并即刻向驻店总经理报告; 2. 驻店总经理在第一时间应予以确认,视情况指挥急救,并向董事长和总经理报告; 3. 心脏病、高血压突发事例如出现客人昏厥或摔倒,不能因为不雅观而把客人抬起来,而是让出一块地方观察客人的病情,在客人身下铺垫一些椅垫或柔软的织物; 4. 有些客人进餐后离开餐厅之前突然有肠胃不好的感觉,也可能是因为就餐食物的不卫生引起的。服务员应及时通知当店经理,可帮助客人去洗手间或清扫呕吐物,但服务员不要清理餐桌,要保留客人食用过的食品以备化验,分析客人发病原因,以分清责任。 5. 驻店总经理需立刻判断是否需联系急救中心,如果较严重,即刻联系; 6. 驻店总经理安排值班经理以上级人员亲自护送客人到急救中心,如果客人有同来用餐者,请求其共同前往; 7. 突然发病顾客离店时尽量避免惊动其他顾客; 8. 视顾客病情,征求顾客或其同来顾客的意见,确定是否与突然发病顾客的亲朋好友联系,并尽可能满足顾客的合理要求。

续表

汤汁洒在客人身上	1. 诚恳向客人表示歉意，表明是自己工作粗心所致； 2. 及时用湿毛巾为客人擦拭，动作要轻重恰当； 3. 根据客人的态度和衣服被弄脏的程度，主动提出为客人免费洗涤的建议，但必须向领班级以上汇报； 4. 当客人衣服弄脏的程度较轻时，经擦拭后基本干净，餐厅经理应为客人免费提供一些食品，如新菜、小吃，以示对客人的补偿； 5. 若是由于客人的粗心大意衣服上洒上了汤汁，服务员也要迅速到场，主动为客人擦拭，同时安慰客人。若汤汁洒在客人的台布上，服务员应迅速清理并用餐巾垫在台布上或重新换上台布请客人继续用餐，不应不理睬。
存档备案	将应急事件具体经过详细编制书面报告，报集团总经理并在当店存档备案。

3. 检查服务是否符合标准

这一点主要是指成品（客人满意）检查。对于顾客满意调查的问题，我们通过程序范例来进行理解：

《客人满意度调查表》的分发与回收

程　序	标　准
企划部为经营店提供调查表	1. 企划部于每月第一天和第十六天分两次将《客人满意度调查》表送至各店营销员手中，并请其签字确认； 2. 各经营店调查表的分发份数为餐台数的2倍。
分发调查表	1. 各经营店营销员具体负责分发调查表，可通过经理协调相关人员共同分发； 2. 分发调查表按抽样方式进行，即： 　　分发份数＝预抵雅间桌数÷预计分发份数，或 　　分发份数＝已达散客桌数÷（2至10间任何一自然数） 3. 分发视情况而定，可于餐前、餐中、餐后； 4. 各店经理有权决定分发天数，但每次应至少分四天发放（建议分发日包括每周最繁忙经营日和相对平淡经营日）；

续表

程序	标准
分发调查表	5. 分发时务必使用礼貌用语，（具体详见人力资源部培训资料）并感谢客人的相助； 6. 视情况而定，可请客人当时填写，也可尊重客人意见，于用餐完毕填写； 7. 分发后请服务员协助回收调查表。
回收与上交	1. 店经理负责调查表的有效性和真实性； 2. 各服务员均有责任协助营销员回收调查表； 3. 每月 15 日和 30 日将回收的调查表封存； 4. 回收份数不得少于分发总份数的 10%； 5. 每月 1 日和 16 日企划部到店内送新调查表时，同时完成回收工作。

《客人满意度调查表》的汇总、分析和反馈

程序	标准
汇总	1. 各分店请于每月 1 日以及 16 日将上期收集的客人满意度调查问卷交与企划部营销主任； 2. 汇总时营销主任和店内营销员共同检查问卷的有效性并校对实际数量。
分析	1. 调查表收齐至总部的 5 个工作日之内，企划部统计出各店客人满意指数，包括各店的食品质量满意度、服务满意度、就餐环境满意度、物有所值感受等； 2. 满意度分析按加权平均法计算指数，即：5×得 5 分份数 +4×得 4 分份数 +3×得 3 分份数 +2×得 2 分份数 +1×得 1 分份数／总份数； 3. 分析报告除各店指数汇总外，还要详细汇总各店客人建议，并提炼出各店客人建议的共同项，以利于基于客人感受而进行的质量改进工作； 4. 分析报告还要包括同比指数及与上一周期比较(环比)的上升、下降比例； 5. 每 6 个周期分析一次季度参照指数和浮动标准区间。

续表

程　序	标　准
反　馈	企划部负责将《客人满意度调查表》分析结果反馈至相关人员： 1. 营销主任于下次分送调查表时，与经营店经理和店内营销员召开小组会议，协同找出指数变化原因，确认需坚持的优质项目和需改进的不达标项目； 2. 营销主任可将其他店纠正措施与当店交流以帮助其确定改进计划； 3. 根据管理委员会决定，将信息反馈至运营督导部、厨政部、人力资源部； 4. 企划部经理将每周期的分析报告呈交企管总监审核，并于周例会时宣讲给参会人员。

除此之外，我们还要进行大量的客户拜访工作，以便更为直观地收集第一手的顾客需求信息，请看如下程序范例：

客户拜访程序与标准

程　序	标　准
走访前的准备工作	1. 通过相关的途径，有针对性地收集客户信息； 2. 通过电话进行客户的初次拜访，了解与我方目的性有关系的信息； 3. 准备公司全面的简介、盒饭、外卖菜单以及公司针对各目标市场的营销宣传材料等； 4. 与准备走访的客户电话预约时间。
对客户进行登门拜访	1. 通过与客户方主要负责人的接洽，宣传我方的总体形象与公司实力； 2. 提出具体向客户推荐的服务项目； 3. 收集客户方的意见和相关信息； 4. 通过与客户的交流，对客户进行动态的考查。
拜访后的总结和后续相关工作	1. 汇总收集到的客户信息并进行相关分析； 2. 针对客户的具体要求，对新推荐产品进行细化或相应调整； 3. 对客户进行电话追访，就修改后的产品征求客户意见以期达成合作。

4. 修正非标准化产品

对于任何低于服务标准的服务，我们都应该即刻修正，以满足客人的现时需求。在这之后，更重要的是分析和确定问题产生的原因，确定修正措施和方案，以避免下次再犯同样的错误。我们来学习一个规范的《纠正和预防措施控制程序》：

纠正和预防措施控制程序

1.0 目的及适用范围

1.1 目的

本程序规定了采取纠正措施和预防措施的控制要求，目的在于消除已发生不合格活动及产生的原因，防止不合格活动的重复发生；及时消除经营活动和管理活动中潜在的不合格因素，防止不合格活动的发生，进而确保质量管理体系不断改进。

1.2 适用范围

本程序适用于×××集团（以下简称集团）在经营活动和管理活动中，为了消除已发生的不合格活动的原因或可能发生不合格活动的潜在原因，而需采取纠正或预防措施的活动。

2.0 术语及略语

2.1 ISO9000:2000 术语适用于本文件。

2.2 纠正措施：为消除已发生的不合格或其他不期望发生情况的原因所采取的措施。

2.3 预防措施：为消除潜在的不合格或其他潜在不期望发生情况的原因所采取的措施。

3.0 职责

3.1 主管职责

督导部负责督导、检查纠正和预防措施控制程序的落实工作，负责组织对涉及各个经营店和部门的不合格活动发生原因的分析，制定纠正或预防措施，督促和协调各经营店或各部门执行，并进行跟踪验证。同时负责对各经营店或部门采取预防措施的有关信息提交体系评审。

3.2 相关职责

3.2.1 责任经营店或部门经理负责当店或本部门已发生或可能发生不合格服务的原因分析，采取纠正或预防措施并执行。

3.2.2 各经营店或部门经理负责组织制定当店或本部门纠正或预防措施，并组织实施和监督检查及验证。

3.3 监督职能

主管副总经理兼运营督导总监协助总经理负责纠正或预防措施的批准。监督控制《纠正、预防措施控制程序》的正常运行。

4.0 纠正和预防措施流程图

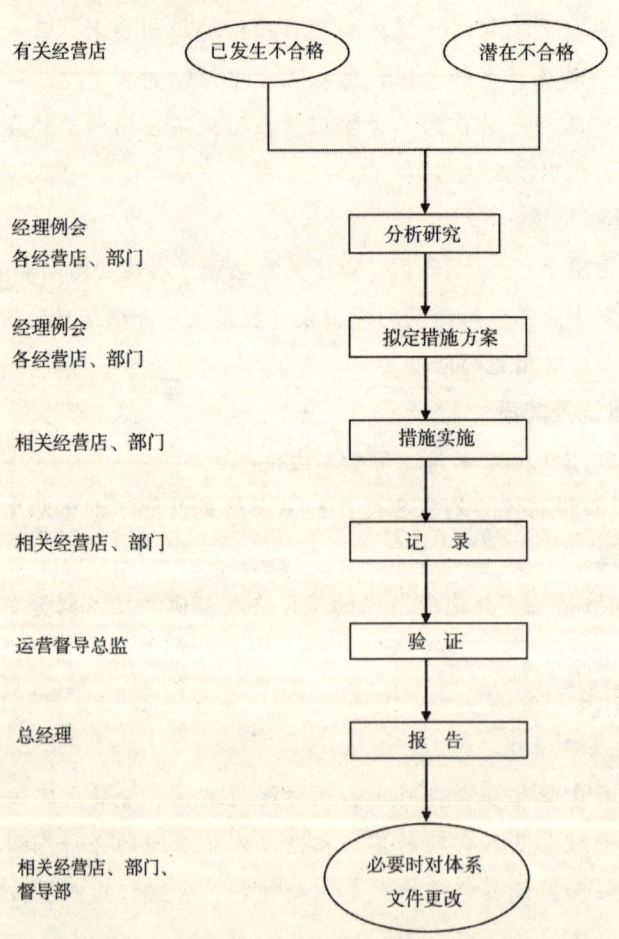

5.0 纠正和预防措施控制要求

5.1 纠正措施

5.1.1 纠正措施制定

5.1.1.1 督导部根据对服务质量的抽查、顾客投诉、不合格报告、法律、法规的符合情况，目标、指标管理方案未得到实施项，政府管理部门的检查等发现的各种质量问题，研究是否必须采取纠正措施，当同样一个"一般不合格"连续发生三次以上时，出现"严重不合格"、"重大质量事故"及顾客的重大投诉等情况，都应制定纠正措施，防止再发生。

5.1.1.2 定期（每月）召开各经营店和部门经理扩大会议，针对已发生的"严重不合格"进行综合分析研究，确定不合格产生的原因，判断其给集团造成的损失和危害，评价是否需要采取纠正措施。

5.1.2 调查分析不合格产生的原因

需要制定纠正措施方案时，使用《纠正／预防措施记录表》，将不合格事实填写在《纠正／预防措施记录表》的"不合格／潜在不合格事实的描述"栏中，由发生"不合格"的责任经营店或部门组织有关人员进行调查，分析出现"不合格"的原因，将"不合格"原因整理后，填写在"原因分析"栏中。

5.1.3 制定纠正措施

由责任经营店或部门针对不合格产生的原因，提出纠正措施和完成期限、执行人等，填写《纠正／预防措施记录表》。经当店或本部门经理审批后成为纠正措施计划，重大质量问题及投诉的纠正措施须经主管副总经理兼运营督导总监审批，成为纠正措施计划，并确保不合格不再发生。

5.1.4 纠正措施的实施与验证

5.1.4.1 责任经营店或部门应按纠正措施计划认真组织实施，实施情况记录在《纠正／预防措施记录表》中，并由当店或本部门经理组织有关人员对纠正措施实施的有效性进行检查，跟踪验证，达到计划要求后，将结果记在《纠正／预防措施记录表》验证栏中，并由验证人签字。

5.1.4.2 责任经营店或部门应记录纠正措施的执行情况及结果，并报告运营督导总监。运营督导总监应对纠正措施的执行情况及其效果进行验证，并将验证情况报告总经理。

5.2 预防措施

5.2.1 预防措施的制定

5.2.1.1 各经营店或部门根据各种信息来源，分析潜在的不合格产生的原因，主要信息来源有：服务报告、《顾客意见反馈表》、投诉记录、监测和测量、日常管理方案未得到实施项、日常检查、各种质量记录，对上述各种信息来源进行整理、分门别类归纳总结。在此基础上，分析潜在不合格的原因，并填写《纠正／预防措施记录表》。

5.2.1.2 每月召开各经营店经理扩大会议，针对有可能影响集团管理、经营质量的潜在问题进行分析研究，确定潜在问题的原因，判断其可能给集团造成的损失和危害，评价是否需要采取预防措施。

5.2.2 采取预防措施，并实施控制，确保其有效性。各经营店或部门在对来自各方面的信息进行分析原因的基础上，针对需要采取预防措施的，制定当店或本部门的预防措施，制定人填写《纠正／预防措施记录表》，经主管副总经理兼运营督导总监审批实施，并将《纠正／预防措施记录表》交督导部备案。

5.2.3 运营督导总监组织对管理体系运行中潜在的不合格采取的预防措施实施进行检查，验证其有效性；各经营店或部门经理组织当店或本部门有关人员对当店或本部门制定的预防措施情况进行检查，验证其有效性，验证人将结果填写在《纠正／预防措施记录表》中并签字，并将执行情况及后果报运营督导总监。运营督导总监应对预防措施的执行情况及其效果进行验证，并将验证情况报总经理。

5.3 纠正或预防措施应与已发生的不合格或潜在问题的影响程度相适应。

5.4 纠正或预防措施的记录按《记录控制程序》执行。

5.5 若纠正或预防措施的采取导致质量管理体系文件的更改，文件更改则按《文件控制程序》执行。

6.0 相关文件

6.1 《文件控制程序》

6.2 《记录控制程序》
7.0 记录和表格
7.1 《纠正／预防措施记录表》

员工行为质量控制体系

有了企业的服务质量控制体系，与之相对应的，是"员工行为质量控制体系"。我们来看下图，以了解这个体系的模型：

员工行为质量控制体系

1 设计质量标准
   确定顾客的需求及期望
   · 确定员工行为准则
   · 限定行为内容，确定理想形象
2 设计行为标准
   组织设计
   · 招工标准
   · 领导方式
   · 培训内容：
   → 技能培训
   → 沟通技能
   → 处理疑难问题技巧

3 检查员工行为是否符合标准
   成品检查
   · 客人意见反馈分析
   · 客人评议卡
   · 观察服务环节的过渡
   · 检查服务全过程
   · 经营统计

4 修正非标准化产品
   · 即刻修正，以满足客人
   · 确定原因
   · 采取修正措施和方案

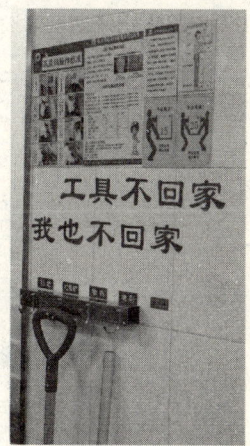

小标语，巧培训

这个模型里也是一样的，对员工的行为按照PDCA循环法的模式进行了规范。因为这个模型整体比较好理解，我就不再赘述了，只是针对培训这个重点通过制度范例来帮助大家更好的应用：

一、员工培训制度

1. 人力资源部负责集团全体员工培训工作的总体计划安排，原则上，经营店经理和值班经理级人员每年被培训课时不少于80小时；领班级不少于60小时；组长和员工级不少于40小时。

2. 各经营店和部门经理应根据岗位职责要求，定期对人员的经验、资格、能力进行评价，看其是否具备了从事本职工作所必需的技能和资格，并根据各项实际工作对人员素质、技能的需求，每半年提出对当店或部门人员知识培训的需求，填写《培训需求表》，报人力资源部。

3. 人力资源部根据各经营店或部门的员工培训需求和实际情况，每半年制定出《半年度培训计划》，报人力资源总监审核、总经理批准后执行。

4. 人力资源部以及各经营店和部门根据《半年度培训计划》，按期组织实施培训，并将培训情况予以记录。

5. 每项培训结束时，可由承担培训的授课训导师举行考试或考核，并将培训结果评估交人力资源部归档保存。

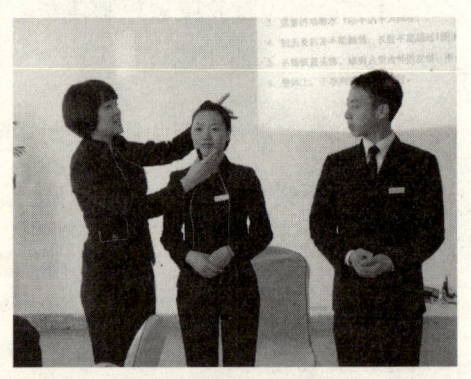
眉州东坡礼仪培训

眉州东坡员工拓展培训

艺海正德管理者培训

6. 培训的人员范围及内容

（1）新员工上岗培训

① 集团基础教育：包括迎新演说、集团发展史、客我关系、客人满意标准、《员工日常管理规定》及相关管理规定，在入职时期由人力资源部组织进行；

② 部门基础教育：学习本部门或经营店《操作手册》的主要内容，由所在经营店或部门经理组织进行；

③ 岗位技能培训：根据新员工的实际情况，由所在经营店或部门的经理对其进行上岗前岗位技能的培训和考核。

（2）质量管理体系知识的培训

人力资源部定期组织不同层次的员工，结合集团质量管理体系的实际运行情况，学习ISO9001:2000意识与标准，以便全体员工充分了解集团现行的质量管理体系。

（3）员工的再提高培训

各经营店或部门要随时关注顾客满意度调查结果以及实际工作情况，每季度对员工进行一次技能考核，看其是否具备了从事本职工作所必需的技能和资格，对不称职的员工，应安排进行再培训，考试或考核合格后方能再上岗。

（4）管理人员培训

人力资源部具体组织各级管理人员的培训。管理人员的培训计划应呈报人力资源总监审批。管理人员的培训内容范围主要是各类管理知识的应用，原则上到总部参加培训。

（5）特殊岗位人员资格要求及培训

由人力资源部会同相关部门根据集团的具体情况，制定特殊岗位人员资格要求，报总经理批准。人力资源部按特殊岗位人员资格要求安排有关人员进行培训。

特殊岗位人员在上岗前，由人力资源部会同相关部门按特殊岗位人员资格要求对其予以资格确认，合格后方可上岗。

（6）训导师的培训

人力资源部组织建立训导师队伍。各经营店和部门经理应推荐本经营店或部门适宜的管理层人员为训导师，人员在30人以下者训导师为1名，30人以上者为2～4名。人力资源部应对经营店和部门训导师的资格进行确认，并进行业务指导，部门训导师享有优先被培训权。

7. 由于工作需要必须补充的培训工作，由各相关经营店或部门填写《培训需求表》，报人力资源部，人力资源部编制《补充培训计划》，经批准后实施。

8. 人力资源部要经常对各经营店和部门的培训工作进行帮助、检查、监督，跟踪完成情况。

二、员工培训的暂行规定

1. 新员工的培训

（1）由人力资源部协调相关部门汇编统一素质培训教材。

（2）新员工从入店到上岗，必须经过入店培训、岗前专业技能培训、岗位见习培训等三项基本培训，但视情况可以后补。

（3）新员工正式上岗前应经过考核，确认其能力或潜质。

2. 员工的培训

（1）培训师资：以集团内部训导师为主，也可外请专业技能人员或专业技术管理人员。

（2）培训内容：针对不同管理级别，分为经营管理知识、客人投诉、店规店纪、销售政策以及其他新出台政策等专题，进行培训。

3. 培训考核的原则与方式

（1）培训考核的原则

①全面全程性的原则：就是对员工培训活动涉及的所有因素要进行全面的、全过程的考核，包括出勤、课堂表现、理论等方面的考核。

②定性定量结合的原则：尽可能制定量化的考核标准，使得考核结果更具科学性。

（2）培训考核的方式

①认真做好培训期间的考勤工作，培训期间的考勤方式与上班时间

相同。

②通过口试、笔试、实操、案例分析测验及观察等方式进行考核评估，并记入员工档案，做为员工晋升、调职的依据。

4. 此暂行规定解释权在集团人力资源部。

附表：

员工培训需求申请表

申请部门		申请岗位		申请人员	
申请原因：					
申请内容：					
部门经理意见					
人力资源部经理意见					
总经理批示					

请您思考

1. PDCA 循环法的内容是什么？我们在服务业中如何运用？

2. 您所在的餐厅的督导是如何进行的？落实情况如何？有什么地方可以改进？

第九章
投诉处理与督导体系的建立

迪斯尼的服务境界

在迪斯尼,任何一名主管离开办公室前往游乐场之前,他们一定会把当天的节目表再浏览一次,从而确保万一有游客驱前问及某某活动将在何时何地举行,可以对答如流,而非答"请你去问服务人员"。

为了强化高级主管的"服务意识",迪斯尼每年都会安排一周左右的时间,将高层主管们"下放"到第一线直接去面对顾客,服务顾客,以免因其位高权重,而失去了对顾客的敏感度。

你不可以要求一个一分钟前才刚被你痛斥一顿的员工,在后一分钟,就马上对顾客展现亲切的笑容,并耐心地为顾客提供良好的服务。所以,要顾客满意首先应该创造良好的工作环境。这是迪斯尼的法则之一。

一

顾客为什么会不满？

顾客为什么会不满？在今日，不排除部分顾客由于素质低下而发生恶意投诉。这和中国绵延的服务认知观念有关。在国外，由于"以服务为自豪"的观念盛行，因此，当一个白发苍苍的服务人员出现在顾客面前时，他不仅不会自卑，反而因为自己年纪这么大了还能为别人服务而感到高兴。而在中国，因为"服务就是奴役"的旧观念在今日也没有完全消失，因此，服务人员和顾客的不对等性就比较明显。

在存在这种不对等性的前提下，一旦发生服务失误，就很难控制后果的大小。尽管如此，一名训练有素的服务人员，在投诉处理时遵循一定的方法和原则仍会有较好的结果。当然，解决的前提是，我们知道从哪些方面分析顾客为什么不满。

顾客抱怨或者投诉的原因在理论上来说，通常包括如下五个大的方面（见下页图）：

这张图提示我们因为五大差距可能导致顾客期望的服务与实际得到的不符合。我们具体来加以说明。

首先的一个差距是**管理层对顾客的期望的感受和顾客本身的感受不同**。例如北京曾经知名的一家监狱主题餐厅，虽然老板把监狱氛围营造得很好，可是在偶尔的新鲜感之后，便基本无人光顾，这和对中国顾客的心理承受能力误判有着直接关系。

第二个差距是**把顾客的期望认知转化为服务规范时的差距**。例如，老板已经发现了顾客需求和服务问题之所在，大会小会强调但是却不能落实，

服务—质量模式

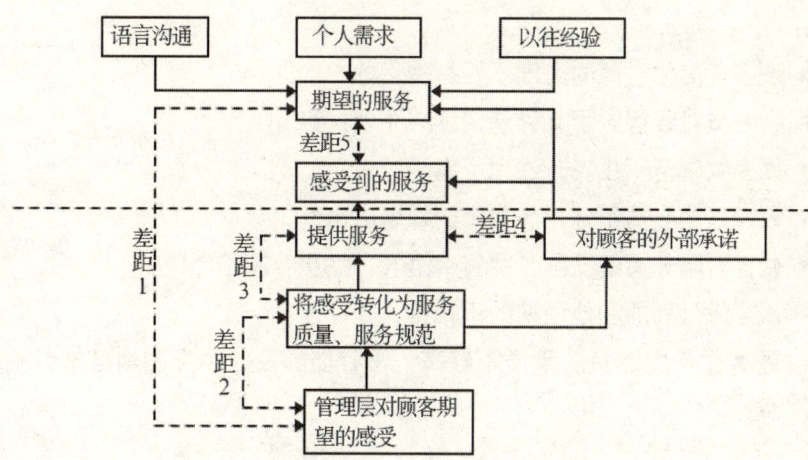

那么这类型的问题就会反复发生,直至产生顾客投诉。

第三个差距是**服务规范和提供服务之间的差距**。有了好的服务规范,通过什么方法让全体员工掌握并且用对时候,就是一个大难题了。例如很多企业搬出厚厚一本《操作手册》,津津乐道于编写的辛苦,可是现场一看,究竟使用了多少,基本上是手册、实际"两张皮"。

第四个差距是**提供的服务与外部承诺间的差距**。外部承诺就是各种宣传广告。例如一家家常档次的餐厅,却要宣传什么"帝王尊贵享受",就容易产生顾客与餐厅的期望不统一,从而产生投诉。

最后一个差距来源于**顾客感受到的服务和期望的服务之间的差异**。我们通过一个小笑话来说明。内陆省市的一个代表团下榻香港五星级酒店,团员大多是第一次到南方的老板,吃饭的时候,虽然珍馐在前,可是没有馒头提供,所以回到北方之后,有人问起香港如何,大多数人回答道:"不好,连馒头都没有,没什么吃的"。由此可见,企业所看到的世界和顾客所看到的世界永远都是不同的。

而在具体原因方面,顾客抱怨或者投诉的产生,又有很多:

- 排了很长的队后,服务员告诉他没有拿号不算;
- 一个服务员告诉顾客应该往东的时候,另一个服务员告诉他要往西;
- 服务员一边嚼着口香糖,一边回答问题;

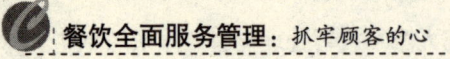

- 顾客刚刚遭遇了挫折,而服务员恰好在顾客最生气的时候碰上了顾客;
- 顾客觉得你对他的态度不好;
- 服务员对顾客做了某种承诺没有兑现;
- 顾客做事情不正确时遭到了嘲弄;
- 顾客只是心情不好,想找个倒霉鬼出出气;
- 顾客对服务员的发型、穿着、语气、举止等看不顺眼;
- 顾客所得到的和他预期的不相符;
- 顾客觉得服务员的素质不够高,没有能够及时、准确地处理好他的问题;

……

那么,面对如此多的问题,我们应该怎么办呢?

如何平息顾客的不满?

当顾客对于他们信赖而又抱着高期待的商家产生不满与愤怒时,就会很容易地将之表面化,也就是直截了当地抱怨。在这个时候,每一个从业者都应该将抱怨视之为信赖。我们的总原则是站在顾客的立场上来看待问题。首先我们应该弄清的是,不满的顾客他需要什么?

其次,我们要用简短而真诚的移情作用的表达方式,使不易相处的人平静下来。如:

- 我能明白你为什么觉得那样;
- 我明白你的意思;

第九章 投诉处理与督导体系的建立

> **不满的顾客想要什么？**
>
> ■ 得到认真的对待。
>   ■ "绝对不可能的"（✗）
>   ■ 懂行、自信、认真地答复他关心的问题。（✓）
> ■ 得到尊重。
>   ■ 恩赐或傲慢的态度。（✗）
>   ■ 尊重顾客以及重视顾客关心的问题。（✓）
> ■ 立即采取行动。
> ■ 赔偿或补偿。
> ■ 让某人得到惩罚。
> ■ 消除问题不让它再次发生。
> ■ 让别人听取自己的意见。

- 那一定非常难过；
- 我理解那一定使人心灰意冷；
- 我对此感到非常遗憾。

除此之外，我们要掌握投诉处理六步骤的工作方法，从而有效地解决顾客投诉。下面，我们分步骤来进行讲解。

第一，**让顾客发泄**。当顾客不满时，他一定是心烦意乱，这时他只想做两件事：第一，想表达他的感情；第二，想使他的问题得以解决。只有在客户发泄完毕后，他们才会听你要说的话。所以，尽可能地在顾客表达时我们要闭口不言，保持沉默，勿打断对方；同时要仔细聆听，控制自己超越情感束缚，把注意力转移到事实上；此外还要给顾客积极的回馈，让顾客知道你在听他们说，不断点头，不时地说"嗯、啊"，并且和顾客保持低调的眼神交流。

但是有时，一个激动投诉的顾客会给酒楼带来很大的影响，尤其是对于其他的正在就餐的顾客。这个时候，我们应该巧妙地控制顾客，请看如下的例子：

小李是"帝皇居"大酒楼的前厅经理，今天餐厅的一切都很让她满意。突然，一阵吵闹声传来。小李快步寻声而去，原来是服务员不小心把汤汁泼洒在顾客的手机上,虽然一个劲的道歉,但是顾客就是不依不饶,大声的吵闹,而旁边几桌客人都皱起了眉头,显然没有了用餐的胃口。小李平静了一下心情,走上前去,自信地对顾客说:"小姐,我是前厅经理,请您相信我能为您圆满地解决问题。中国有句老话:'气大伤身',您消消气,身体要紧。要不这样,餐后到我的办公室我们一起商量个解决办法,您看可以吗?"听到小李这样入情入理的话语,顾客平静了下来。

第二,**充分的道歉,让顾客知道你已经了解了他的问题**。一个负责任的企业,敢于直面顾客问题。真诚的道歉,是解决问题的先期条件。说句"对不起",有的时候会让暴风雨变成和风细雨。但是请注意我的用词,道歉并非主动承认错误!我们是针对顾客的心情道歉,而并非在事实不清的前提下,随便的承担责任。要知道,随便的道歉让麦当劳曾经付出几百万的代价。事情的经过是这样的,因为顾客自己打翻咖啡杯导致大腿烫伤,但是麦当劳的一名员工说了"对不起,都是我们的错",法庭采信了证词,并且根据有罪推断认为:如果不是餐厅的责任,就不会主动承认错误,所以,既然主动承认错误,那么就是餐厅的责任。所以,当我们道歉时,通常的用语是:"因为这样的事,让您用餐不愉快,我们深感歉意。"

第三,**收集信息**。我们要尽可能多的收集信息,以使餐厅更明确地了解顾客意图。通常我们采取提问的方法。通过提问,我们可以获取被顾客省略或忘了告诉我们的信息,搞清楚顾客到底是要什么?这些问题通常包括:①了解身份的问题。例如:请问您是……?②描述性问题。例如,请您把事情经过讲述一遍,好吗?③澄清性问题。例如,您觉得应该赔付多少?④有答案可选的问题。例如,您看见门是开着还是关着?⑤结果问题。例如,我重新给您制作一份菜点如何?⑥询问其他要求的问题。例如,还有需要帮忙的吗?

提问时要注意一些问题,首先是要**学会使用"因为"**。我们要避免让顾客觉得是一种审问,但是我们又需要足够的信息,因此解释每个问题的必要性是很重要的。所以,提问的时候要说,因为关系到一个重要细节,所以我们想问……;其次是一定要**问足够的问题**。否则的话,当双方就解决方案谈判时，餐厅就失去了很多筹码。最后是要时刻**倾听顾客的回答**。尤其是顾客回答中的语言矛盾，这些都可能是得到一个有利于餐厅解决方案的前提。

第四，**给出一个解决的方法**。餐厅通常的解决方法包括：①重新服务；②更换菜品、用具；③替代方案。无论如何，我们认为好的做法是：餐厅要首先提出一个方案，并且向顾客说明这个方案的好处。需要注意的是：①要使用建议的口吻；②绝对不要引用先例，这样只会更加激怒顾客，从而使他的要价越来越高；③避免让顾客觉得餐厅在想方设法用其他的东西替代顾客要求的东西；④避免让顾客觉得餐厅在要求顾客从你的角度看问题。

第五，**如果顾客仍不满意，问问他的意见**。抱怨的顾客不是要你处理问题，而是要你解决问题，所以对于你的处理方案，他不一定觉得是最好的解决方法。这时你一定要问顾客他希望问题如何解决，如："您希望我们怎么做？"如果顾客的要求可以接受，那就要迅速愉快地完成。当然，在这个步骤中我们也要注意避免一些问题，如：①立即就给出最大的让步，那会让顾客觉得他吃亏了，从而提出更多额外的要求；②暗示顾客的要求是没有道理的；③承诺你做不到的好处；④给予顾客与之无关的好处。

第六，**跟踪服务**。在投诉方案达成一致后，我们要重在落实。可以通过电话、电子邮件或信函，向顾客了解解决方案是否有用、是否还有其他问题，如果你与客户联系后发现他（她）对解决方案不满意，则要继续寻求一个更可行的解决方案。同时，还应该重复一下你自己的姓名以加深顾客的印象，并告诉顾客以后如何跟你联系，以体现主动服务。

服务追踪可以达到如下效果：
- 强调你对顾客的诚意；
- 深深地打动你的顾客；
- 足以让顾客印象深刻；
- 加强顾客的忠诚度。

总之，在处理顾客投诉时，要遵守一定的技巧，不要想当然，不要拍脑袋。下面的这些话，是绝对禁止使用的：

餐饮全面服务管理：抓牢顾客的心

服务的禁言

- 你好像不明白……
- 你肯定弄混了……
- 你应该……
- 我们不会…… 我们从没…… 我们不可能……
- 你弄错了……
- 以前从来没有人抱怨过这些。
- 这是我们公司的规定。
- 我不知道。
- 这不关我的事。
- 我们可不负责。
- 我们一直都是这样做的。
- 这是你的事，你自己做决定。
- 绝对不会，绝对不可能。

只要遵循投诉处理的原则和方法，我们相信投诉处理起来会更加流畅，会最大限度地减少我们服务质量的下降。

建立督导体系

投诉是顾客对服务质量评价的一种表现形式，同时也是服务质量出现重大失误的表现。除了当次圆满的处理好投诉之外，最重要的是不再发生类似的问题。这点需要良好的督导体系作为支撑。我们通过督导的系列制度来帮助大家建立和理解督导体系。

第九章 投诉处理与督导体系的建立

一、督导总则

督导是企业经营管理的重要内容;是测量、分析和改进质量的重要手段;是评价事实、做出正确决策的重要依据;是提高工作效率和质量并持续改进的重要措施;是品质管理PDCA(策划、实施、检查、处置)循环中的重要环节。其作用具体陈述如下:

1. 通过使用已被确认的明确的验收标准,评估、跟踪过程,可以及时发现改进机会和需巩固的成绩。

2. 通过督导、评价服务和菜品质量,检查、收集、分析信息,可以为质量改进提供依据,可以报告进展情况。

3. 通过督导工作,可以帮助管理人员找出问题和需求。

4. 通过督导检查,可以时刻警示(提示)员工,巩固质量意识。

总之,督导检查是质量体系得以落实的关键环节,其作用的发挥直接影响着企业产品的质量,任何人必须配合完成督导检查工作。

二、督导范围

1. 硬件、软件绝对标准检查。针对餐厅、厨房、各职能部门分别设置检查表,按制度进行检查、评估。

2. 对客服务质量、菜品质量及环境等的督导验证。具体验证方式是《顾客满意度调查表》。

3. 对管理质量的督导验证。具体验证方式是员工对管理人员评价表。

4. 对管理人员工作表现的评价。具体评价方法是由总办对相关人员进行阶段性评价。

5. 对管理人员经营业绩的评价。依据管理人员阶段性目标承诺,进行达标状况评价。(总经办组织操作,结果汇总至人力资源部)

三、质量自查制度

质量检查的目的在于通过有效的评价验证活动,使全员充分了解服务提供是否全面满足规定要求。验证方法为各级管理人员对当店服务提供过程中服务质量(指服务、菜品、环境、卫生、设备等)是否达标进行自我检查（称为自查）。现就自查做出如下规定：

1. 自查以经营店《操作手册》内容为基本依据。

2. 经营店组长级以上人员均具备自查资格，值班经理或领班负责填写《自查月报表》中服务组情况，厨师长负责填写厨房组情况，店经理编写自查报告。

3. 自查报告要概述经营店本月质量达标情况，要说明某领域质量提高的原因，某领域质量下降的原因；陈述下月质量保持和改进的具体计划。

4. 每月自查时段与月经营时段一致，即25日填写完《自查月报表》，26日午12点以前上报。

5. 自查评估指数应与总经办成员巡查、督导部抽查结果一致。

（参见《自查月报表》）

四、质量巡查制度

总经办成员和督导部成员受总经理委托负责对服务提供过程服务质量（指服务、菜品、环境、卫生、设备、安全等）进行全面检查和巡视检查（简称巡查）。为使巡查工作客观、真实且保留有效性记录，现就其实施出具此制度，所有相关人员均要执行。

1. 总经办成员均肩负着巡查责任，均有权开具《不合格服务报告单》；董事长和总经理以外的其他人要承担开具《不合格服务报告单》的责任；总经办成员可以授权经理级以上直属下级开具《不合格服务报告单》。

2. 巡查以质量管理文件所有内容为依据。

3. 督导成员在请示督导总监后可以开具《不合格服务报告单》。

4. 《不合格服务报告单》一式两份，经营店和督导部各保存一份。

5. 不合格服务的评审

5.1 评审内容包括：查找不合格服务产生的原因；分析造成的危害；研究处置方法。

5.2 一般不合格服务项由当事经营店负责评审。

5.3 严重和重大不合格服务项目由经理例会进行评审。

6. 不合格服务的处置（即纠正、修正行动）

6.1 经营店自发出任何《不合格服务报告单》之时务于24小时内做出处置决定。

6.2 巡查人员在一般不合格服务处置决定做出24小时后进行跟踪,查验其修正结果。

6.3 巡查人员在严重不合格服务处置决定做出三日以后,进行跟踪,查验其修正结果。

6.4 巡查人员在重大不合格服务处置决定做出五日以后,进行跟踪,查验其修正结果。

7. 总经理或总经理授权督导总监每半年做一次巡查,结果公开汇报(于例会扩大会议上)。

五、不合格服务分类规定

不合格服务是指提供时发生在供方与顾客之间及供方内部未满足要求的物项或事项(包括无形或有形的)。

不合格服务分为三类:一般不合格、严重不合格、重大不合格。

现就每类不合格所指范围做如下规定:

1. 一般不合格包括:

1.1 凡违反《员工日常管理规定》中通用工作规定者。

1.2 凡违反《员工行为规范》内容者。

1.3 凡违反《劳动纪律》中轻微过失、一般过失、中度过失条款者。

1.4 凡不超过两次违反《督导检查表》中同一检查项目者。

1.5 凡违反其他相关规定(如:《设备使用管理规定》、《能源使用管理规定》、《财务管理规定》、《采购管理规定》。参见各经营店、各职能部门《操作手册》中"部门制度"章节),但未造成严重后果的。

1.6 凡顾客提出的口头一般性投诉的。

1.7 凡各经营店顾客满意度调查月指数连续两个月但不超过三个月的指数下降,下降幅度不超过0.5的。

2. 严重不合格包括:

2.1 凡违反《劳动纪律》中严重过失条款者。

2.2 凡超过两次但不超过四次违反《督导检查表》中同一检查项目、且同一次检查不达标项目不超过 10 个子项目的。

2.3 凡违反其他相关规定（界定标准见 1.5 条款），且造成严重后果的。

2.4 凡顾客提出的严重投诉，造成较严重影响，便未严重影响酒楼声誉的、且造成的经济损失不超过 5000 元的（不含 5000 元）。

2.5 凡各经营店顾客满意度调查月指数连续三个月但不超过六个月的指数下降，下降幅度在 0.5 至 1 之间的。

3. 重大不合格包括：

3.1 凡违反《劳动纪律》中重大过失条款者。

3.2 凡超过四次以上违反《督导检查表》中同一检查项目、且同一次检查不达标项目超过 10 个子项目的。

3.3 凡违反其他相关规定（界定标准见 1.5 条款），且造成重大后果的。

3.4 凡顾客提出的重大投诉，造成较严重影响，且严重影响酒楼声誉的、且造成的经济损失超过 5000 元的。

3.5 凡各经营店顾客满意度调查月指数连续六个月以上的指数下降，下降幅度在 1 以上的。

六、有关附表

自查月报表

经营店名称 _____　　____ 年 ____ 月 ____ 日

	基本验证内容	评价	指数
服务组	1. 服务程序与标准执行情况		
	2. 员工执行管理规定情况		
	3. 设备、用具完好、破损情况		
	4. 其他方面		

第九章 投诉处理与督导体系的建立

续表

厨房组	1. 厨房操作程序与标准执行情况		
	2. 员工执行管理规定情况		
	3. 设备、用具完好、破损情况		
	4. 其他方面		
自查报告（机构第一负责人填写）：		平均指数	
			（可加附页）

服务组自查人签字：_____
厨房组自查人签字：_____

（5＝优异表现 4＝超越期望 3＝优异表现 2＝未达到期望 1＝表现差）

不合格报告

编号：

经营店或部门		问题岗位		报告编号	
评审依据				审核日期	
不合格事实陈述（应列出所引用的标准或其他文件名称。具体条款和相应原文）					

不合格类型：□严重　□轻微　　督导员：　　　　陪同人：
处 理 要 求：□处置　□分析原因　□制定纠正措施　负责人：
原因分析：（参加人　　　　　　　　　　　　　　　　　　　　　）

续表

处置方案：	（计划完成日期：____年__月____日）		
负责人： 拟采取的纠正措施：（计划完成日期：____年__月____日） 负责人：　　　　　　　年　月　日 督导员认可：　　　　　年　月　日		审批意见： 运营督导总监： 　　　　　年　月　日	
跟踪验证： 验证人：　　　　　　　年　月　日		督导员签字： 　　　　　年　月　日	

注：此表一式两份（一份留经营店，一份留督导部）

请您思考

1. 产生顾客投诉的原因都有哪些？
2. 顾客投诉处理的六步骤是什么？

后 记（第一版）

　　服务质量是个老生常谈的问题。既然是老生常谈，就说明两个问题：一、服务质量很重要；二、目前的服务质量还不是很好。

　　服务质量如何提升？归根结底，你要把它看成是一个系统，而不是一个因素。很多服务的细节也很重要，但是和服务系统相比而言，是毛和皮的关系，正所谓中国的老话："皮之不存，毛将焉附？"

　　这个系统首先是理念和战略的问题。没有理念和战略，任何服务都会成为昙花一现，不能长久更不能形成独特的服务风格。其次是要形成三个良性的小循环——一个是关键时刻的小循环，主要是服务现场层面；一个是内部管理小循环，主要是人力资源管理层面；一个是服务—利润小循环，主要是市场营销和财务层面。而最后，因为三个小循环的良性互动，形成了整个企业的内部良性服务循环。这就成为一个理想的服务系统，若再辅以文化的推动和PDCA循环的永续发展，就能显示出服务质量的强大力量。

　　在这本书里，我除了理论讲解之外，还列举了大量的案例和例证，同时选择了大量表格、程序和方案，这些都是我在十几年的工作实践中总结并应用过的，一方面是为了使书本不那么枯燥，另一方面也是为了方便大家拿到就可以使用，有利于工作实践。

这本书可以作为职业院校的辅助教材，也可以作为企业从业人员的工作参考书。因为"理论和实践融会贯通"是我的从业追求。

最后，感谢我曾经工作过和正在工作的单位，是你们给了我实践学习的机会；感谢我的同事、朋友们，是你们经常促进我的思考；感谢旅游教育出版社，给了我和大家探讨的平台；感谢读者朋友们，想到你们，是我在疲惫之余最好的心灵慰藉。

任何的准则和工作方法都可能因主客观环境的不同或变化而显得黯然失色，正如没有放之四海而皆准的真理一样，我欢迎各种形式的探讨，我的电子信箱是：litao622@sohu.com，期待您的来信。

李 韬

2009年2月于北京

后 记（第二版）

《餐饮全面服务管理：抓牢顾客的心》一书，因为第一版基本售罄，现在出了修订版。

这本书为什么受到行业里的认可和欢迎？我想，是因为我首次提出了"大服务"的概念。一个餐饮企业，环境归根结底是不是服务？菜品归根结底是不是服务？流程归根结底是不是服务？营销归根结底是不是服务？文化归根结底是不是服务？我想，答案是肯定的，是毋庸置疑的。

我们研究服务，如果只研究对客服务这个场景本身，那是割裂的，也是不科学的。为什么这么说？因为顾客体验是一个综合性的感受，他不会像教科书一样分章节地去看待一家餐厅的服务。而真正的服务其内涵一定是贯穿顾客和这家餐厅接触前、接触中和接触后的全过程的。故而，这才是这本书倡导"大服务"的真正意义所在。

本次修订，保留了一部分原书中的经典案例——它们经过时间的验证，越发显得宝贵；也更新了很多图片和案例——这些都是中国餐饮行业里的佼佼者真实、鲜活的素材。我想，不仅仅是从理论上要做到让读者每读一遍都有新的收获、反思和触动，更要从实践的角度有可借鉴性，方便大家举一反三。

当然，餐饮业是不断发展的，我们对于管理和服务的认识也在不断提升，囿于个人学识所限，如果大家觉得有什么不当之处或者建议，欢迎交流，在争鸣中，我想不仅仅受益的是你我，更是中国的餐饮业。

而能够帮助中国的餐饮业进步与提升，这是我的一个梦想。我想，它正在实现的过程中。

李 韬
2012 年于北京

旅游教育出版社数字中心：
由内容发布到线上线下人际关联搭建

　　数字化时代的出版是跨媒体出版、网络化传播和电子商务的结盟。

　　网络社会成为人的社会活动的数字镜像，网络身份（数字身份）的构建，使得个体信息更为丰富。传统虚拟社区的圈式结构正向着新型网络社区的链式结构转移。

　　我们正在努力，由传统的内容发布，走向搭建线上、线下人际网络关联。

传统纸书出版，我们一如既往为作者提供精细化出版服务！
数字出版业务，我们已经启程！

◆ **中国学者学术成果走进海外项目**：让境外了解中国学者学术科研活动及成果，为中国高校建设国际化目标服务。项目覆盖重点区域：北美与远东（含港澳台）大学图书馆与公众图书馆，欧洲市场正在拓展中。合作方式：有将正式出版的图书作品、发表的论文作品，推送到海外图书馆与科研院所意愿的老师，签署数字作品合作协议，将作品（图书、论文）的电子稿（已经出版的纸质图书样书一本或作者发送图书的封面与版权页的扫描文件）发送给旅游教育出版社的赖春梅编辑：mslai@foxmail.com。

◆ **手机阅读业务**：自2010年6月，我们已经成为中国移动、中国联通、中国电信手机阅读基地的内容合作伙伴。任何一个手机用户，轻松动指，轻松阅读。阅读，随时随地。你的阅读日，你自己做主！

◆ APP业务：手机客户端、智能平板电脑客户端产品全新呈现。

免费APP【好玩好吃】，被工信部电信产业研究院评选为APP优秀应用案例

用【好玩好吃】，玩好吃好。

【好玩好吃】为旅行者吃、住、行、游、购、娱需求提供贴心、随时随身的服务；为移动互联时代的旅游企业提供精准的、直达消费者的营销服务；为咨询公司、高校科研项目主持人提供项目方量身定制的落地于手机、pad宣传服务。

三种下载方式，速来享用【好玩好吃】

◆ 旅游社会化媒体（SNS）监测业务：信息聚集、传播的方式已经发生转变，旅游管理部门、企业、科研机构迎来全新的发展机会。旅游SNS监测，让使用者"耳聪目明"，掌控主动。使用旅游SNS监测系统，我们可以做到：引入不受干预的第三方评价，指导营销方向，衡量营销与经营成效。

– 追踪口碑传播。
– 定位意见领袖。
– 侦测分级市场。
– 评估营销效果。
– 发现危机苗头。

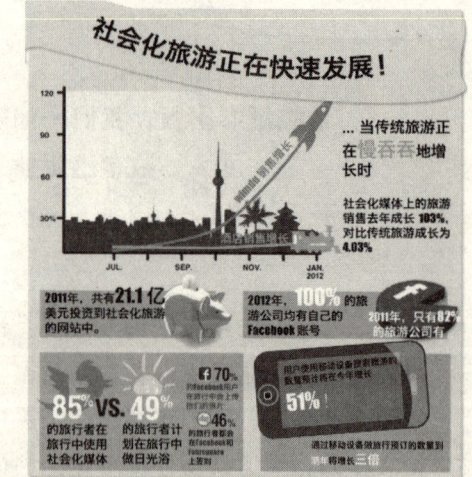

合作联系：
旅游教育出版社数字中心　赖春梅
E-mail：mslai@foxmail.com　电话：010-65778402